身になる練習法

柔道 基礎から心技体を鍛える稽古

著 石田輝也 大成高校柔道部監督

INTRODUCTION

はじめに

何よりも大切なのは“基本”
まずは大きな根をつくる

スポーツに限らず、いかなるものにも“基本”というものが存在します。柔道も同じで、抑え込むときには抑え込むための基本動作、投げるときには投げるための基本動作、守るときには守るための基本動作があります。

それは“土台”という言葉に置き換えてもいいでしょう。しっかりとした土台を築かないことには、その上に高い山を積み上げることはできません。土台が不安定では、積み上げていく過程で崩れてしまうかもしれません。

根がない植物は幹を伸ばすこともできなければ、枝葉を生やすことも、花を咲かすこともできない。植物は根があるからこそ幹を伸ばし、枝葉を生やせ、花を咲かせられるのです。

その根に当たるのが“基本”です。基本ができていないのにテクニックだけを覚えようとしても、絶対に身にはつきません。小手先の技術は実戦では通用しません。

反対に、反復練習で基本をちゃんとマスターしていけば、着実に次のステップに進め、そこでさまざまなテクニックを覚えられます。植物が幹を伸ばし、枝葉を増やしていくように、攻撃、防御のバリエーションも増やしていけるでしょう。

土台が安定していれば安定しているほど、その上により多くの技術を積み上げられます。基本の上に成り立っている多彩な技術は、試合では大きな武器となって生きてきます。

その基本を構成しているのが、昔からよく言われる「心技体」です。苦しい状況でも諦めない強い心、反復練習で磨いた基本的な技術、その技術を使いこなせるだけの強い体。どれも欠かすことのできない重要な要素です。

基本を習得するには、「継続」以外の近道はありません。地道な作業ですが、こつこつと反復練習や体力トレーニングを続けて「心技体」を鍛えることで、大きな根をつくることができるはずです。

何事も、段階を踏んで着実に進んでいくことが大切です。強くなるには継続以外の近道はありませんが、無意味な遠回りをする必要もありません。大学生、そして社会人になって美しく立派な花を咲かせるためにも、高校柔道の練習で大きな根をつくり、幹を伸ばし、枝葉を生やしていってもらえたらと思います。

大成高校柔道部監督
石田輝也

大成
大成
大成

CONTENTS
目次

第３章 立ち技の基本習得

第４章 実戦技術の習得

終章 練習メニューの組み立て方

本書の使い方

本書では、写真やアイコンなどを用いて、一つひとつのメニューを具体的に、よりわかりやすく説明しています。写真や“やり方”を見るだけでもすぐに練習を始められますが、この練習はなぜ必要なのか？　どこに注意すればいいのかを理解して取り組むことで、より効果的なトレーニングにすることができます。普段の練習に取り入れて、上達に役立ててみてください。

▶ 得られる効果が一目瞭然

練習の難易度、回数や時間の目安、その練習から得られる能力や効果を具体的に紹介。自分に適したメニューを見つけて練習に取り組んでみましょう。

▶ なぜこの練習が必要か？

この練習がなぜ必要なのか？　実戦にどう生きてくるかを解説。また練習を行う際のポイントも示しています。

そのほかのアイコンの見方

練習を行う際の注意点や、NG例などを示しています

掲載した練習法をより効果的に行うためのアドバイスです

Extra

練習にまつわるエピソードなどを紹介します

序章

年間スケジュールの考え方

練習メニューを紹介する前に、
どういった考え方で練習メニューを組み立てているのか、
まずはベースとなる年間スケジュールの考え方を説明する。

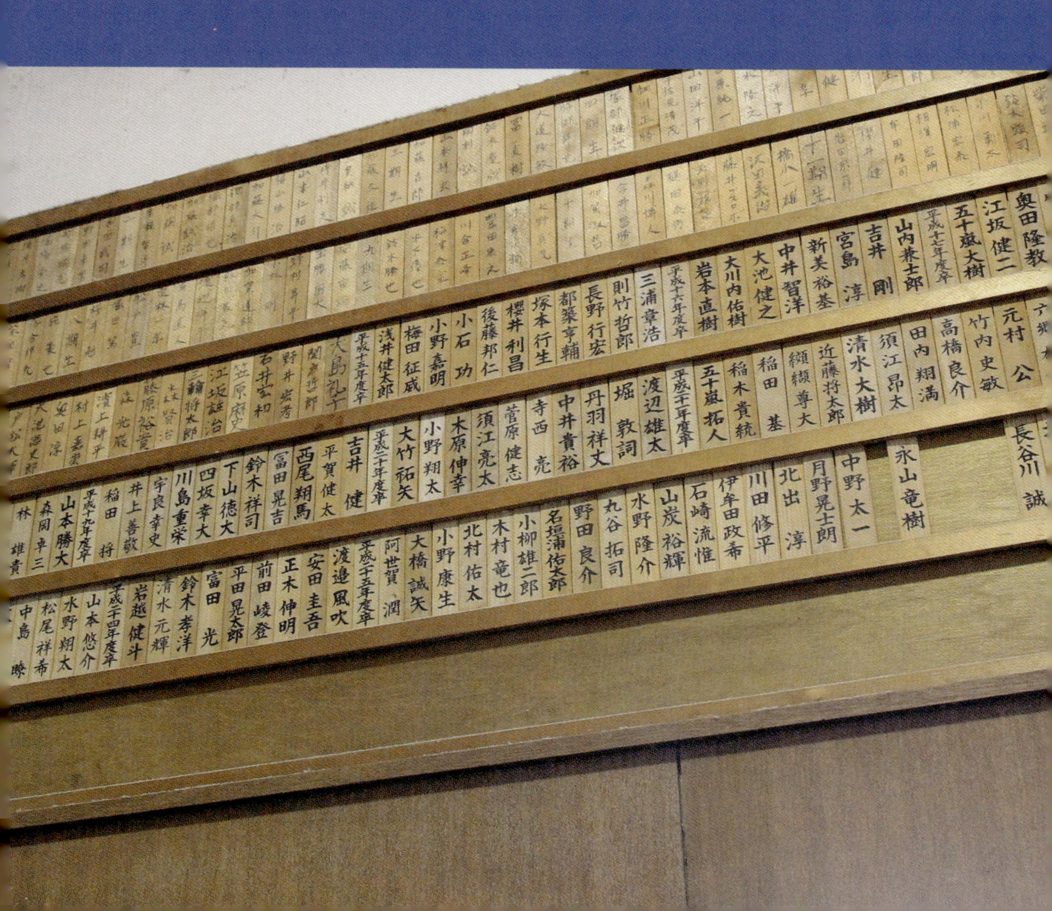

1年間のスケジュールの思い

「はじめに」でも説明したように、大成高校でもっとも大切にしているのは、とにかく基礎練習。柔道の基本的な技術を身につける練習を反復して行いながら、日々の体力トレーニング、筋力トレーニングによって、大きな大会を戦い抜くための身体をつくってほしいという思いを込めて選手には稽古に励んでもらっています。

右ページで示しているのは、年間スケジュールのなかで、各月毎に心掛けているポイントです。これを踏まえた上で、時期毎に選手たちに課すメニューや、声の掛け方を変えるようにしています。もちろんこれは高校のスケジュールに沿ったものではありますが、中学など、その他の段階においても参考にしてほしいと思います。

本書では、実際に大成高校で実施している練習メニューの通りに、各章に分けてメニューを紹介しています。すなわち、準備体操から入り（第1章）、寝技の基本を身につけながら畳の上の戦いに慣れ（第2章）、立ち技で相手を投げるための技術を磨き（第3章）、実戦に近い状況の練習で試合感覚を身につける（第4章）。そして、さらに強い身体をつくるパワートレーニング（第5章）です。ぜひ、各月の思いを参考にしながら、練習に取り組んでください。

● 各月毎の思い

4月	新入生が入学し、新体制がスタートする時期。新入生は学校生活、私生活（寮生活）の環境に慣れることを意識させる。柔道の面では、2、3年生と共に基本練習を習得し、まずは練習環境にも慣れさせることを心掛ける。2、3年生は実戦練習に取り組み、これからやってくる試合シーズンに向けて準備を進める。
5月	全国高校総体（インターハイ）の県予選が始まる時期。実戦練習のなかでしっかりと声を掛けて、個々のモチベーションを高める。チームとしての一体感も高め、仕上げていく。
6月	毎週末に各予選会が行われる時期。それに向けた調整練習のなかでモチベーションを維持させて、良い状態で大会に臨めるように心掛ける。
7月	上旬に地区ブロック予選、下旬に金鷲旗大会があり、そこに向けた実戦練習や研究を中心に行い、モチベーションを保つ。
8月	インターハイ、国体地区ブロック予選に向けた調整練習を行う。下旬には夏休みをとり、リフレッシュもしっかりとさせる。
9月	新キャプテンのもと、新メンバーを強化する時期。体力強化（走り込み中心）、基本動作（寝技、組手、打ち込み）を徹底し、大会に臨むための身体をつくっていく。
10～11月	年末のサーキットトレース（試合）に向けた選手候補を決める時期であるため、選手のモチベーションも高い。選手にとっては、大切な自己アピール期間でもある。
12月	実戦におけるサーキットトレースが開始する。このなかで、正選手を決定していく。
1月	年を越え、寒稽古で気持ちを新たにし、全国大会県予選に挑む。
2～3月	実戦練習を中心に行い、試合感覚を養う。「抜き勝負」（P120 参照）などを実施し、3月下旬の全国高校選手権大会に臨む。

強くなるための指導ポイント

「キツくなってからが勝負」

気持ちで負けないことが大切。選手が「キツくなってきたな」と感じたときには
必ず声をかけて、苦しい状況でも勝負できるように。

技

「基本練習の徹底」

基本はとにかく大切。体操から寝技、立ち技、打ち込みなど、
反復練習を行い、徹底的にどんなときでも繰り出せる技術を磨く。

「日々の積み重ね」

体力、筋力ともに毎日行うからこそ強くなる。毎朝の走り込み、
練習後のトレーニングは欠かさず行い、勝つための身体をつくる。

第１章

準備体操

柔道の基本となる身体の使い方を身につけたり、柔軟性を高めて
ケガを予防したりするための準備体操はもっとも大切なこと。
まずは回転運動を中心に一つずつ丁寧にやっていこう。

準備体操のねらい

なぜ必要？

柔道を行う上で必要な「ケガをしないための身体」をつくる。ケガをして練習ができなくなってしまっては本末転倒。身体の柔軟性、そして体力を高めることで、可能な限りケガを未然に防ぐようにする

ポイント

現在は身体が硬い子どもが多いため、練習の初期段階ではできるだけ準備体操に時間を割くようにする。身体の柔軟性を高めながら、徐々に難度を上げていき、柔道に必要な筋力、バランス感覚を養っていく

しっかりと段階を踏んで進む

この章で紹介する準備体操の目的は、まずはケガを防止すること、そして身体の柔軟性を高めることの2つになります。柔軟性を高めることがケガの防止にもつながりますので、準備体操は「ケガをしないための身体をつくる」ために行うものと言えるでしょう。

昭和の時代と比較すると、現代の中高生の身体は硬くなっているように思えます。かつては体育の授業で当たり前のように行われていたマット運動も、今では指導の機会が減っています。

慣れていないこともあり、前転、後転などは今の子どもたちにとってはとても難しい動作のようです。私が担当している柔道の授業でも基本的なマット運動は指導しますが、多くの生徒たちに首の柔軟性が低い傾向が見られます。

前転はアゴを引き、後頭部から畳（マット）に着いて「ゴロン」とワンモーションで回転していくのが基本です。しかし、脳天から畳に着いて「ゴ・ロン」とツーモーションで回ろうとする生徒たちも少なくはありません。首の柔軟性が乏しく、アゴを真っ直ぐ引けないのです。

身体が硬い子が多くなった現在において、準備体操にはとても大切な意味を持っています。私は柔道部の練習、体育の授業でも、準備体操にはしっかりと時間をかけるようにしています。

特に新入生が入部して新体制がスタートする4月は、準備体操や第5章で紹介しているパワートレーニングなどに多くの時間を費やします。柔道の授業でも、4月は柔軟や基礎体力運動などが中心で、柔道の練習自体は行いません。まずは柔道を行う上での身体や体力を養う必要があります。受け身を行うようになるのは2学期になってからです。

また、準備体操といっても、倒立前転、後転倒立などを行うには腕や体幹の力も必要になってきます。後転倒立歩行などは、かなり難度の高い動作です。これらが難なくこなせるようになれば、かなりの筋力、バランス感覚が身についてきたと考えていいでしょう。

いかなるスポーツにおいても「ケガをしない」のはとても大事なことです。ケガをすると練習ができなくなってしまいます。それでは本末転倒です。可能な限り未然にケガを防ぐためにも、いきなり実戦的な練習から入るのではなく、段階を踏んで進んでいくことが重要です。

準備体操

ねらい 基本的な運動感覚を養う

Menu 001 前転・後転

難易度	★★★☆☆
回数	3～4回

得られる効果
▶ スピード
▶ スタミナ
▶ パワー
▶ テクニック
▶ 柔軟性
▶ 巧緻性

やり方

1. 立った状態から、手を着いて前転を行い、立ち上がる
2. 同じように後転を行う

【前転】

【後転】

? なぜ必要?

運動感覚を養うための最も基本的な運動

さまざまな動きを伴う柔道の動きにおいて、回転運動は基本的な運動感覚を養い、かつケガを防止するための受け身の動きの基本となる動作だ。シンプルで簡単な動きだからこそ、一つずつ丁寧に行うこと。また柔道の初心者にとっては、恐怖心を取り除くという意味でも大切な運動だ。

首に負担がかからないようにする

脳天から畳に着いて回転を行うと、首に体重が掛かってしまい非常に危険。そうならないためには、アゴを引いて頭をしっかりと身体の内側に入れ、耳の横に手を揃えて、後頭部から畳について回転するイメージで行う。また、しっかりと立った状態から始め、最後はしっかり立ち上がろう。

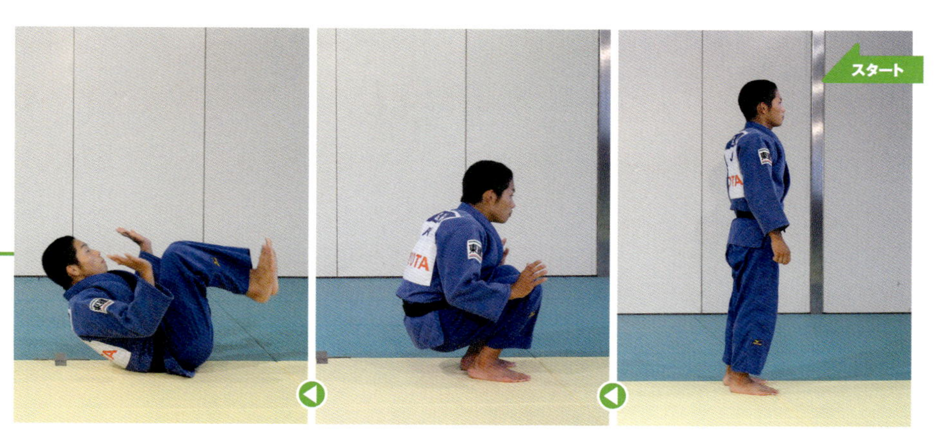

ねらい

回転運動のなかで柔軟性を養う

Menu 002 開脚前転・開脚後転

難易度	★★★☆☆
回数	3～4回

得られる効果

- スピード
- スタミナ
- パワー
- テクニック
- **柔軟性**
- **巧緻性**

やり方

1 立った状態から、手を着いて前転を行い、脚を大きく開いて立ち上がる
2 同じように開脚後転を行う

【開脚前転】

畳の上での身のこなしを養い柔軟性を高める

脚を大きく開くため、股関節の柔軟性が保たれ、つまりケガの防止に役立つ。通常の前転や後転と同じように、ただ漠然とこなすのではなく、股関節を使っていることをしっかりと意識しながら取り組んでいこう。足を開いて立ち上がるのは最初は難しいと感じる場合もあるかもしれないが、毎日継続して丁寧に行っていこう。

ポイント

畳を両手で押して立ち上がる

両脚を閉じたままの前転よりも、足で畳をとらえる力が弱いので、開脚のほうが立ち上がりづらい。勢いをつけて回転することも必要だが、立ち上がるときは畳を両手で押すようにするとうまく起き上がることができる。開脚後転は立ち上がりづらいことはないが、しっかりと脚を開くことに意識を向けること。

【開脚後転】

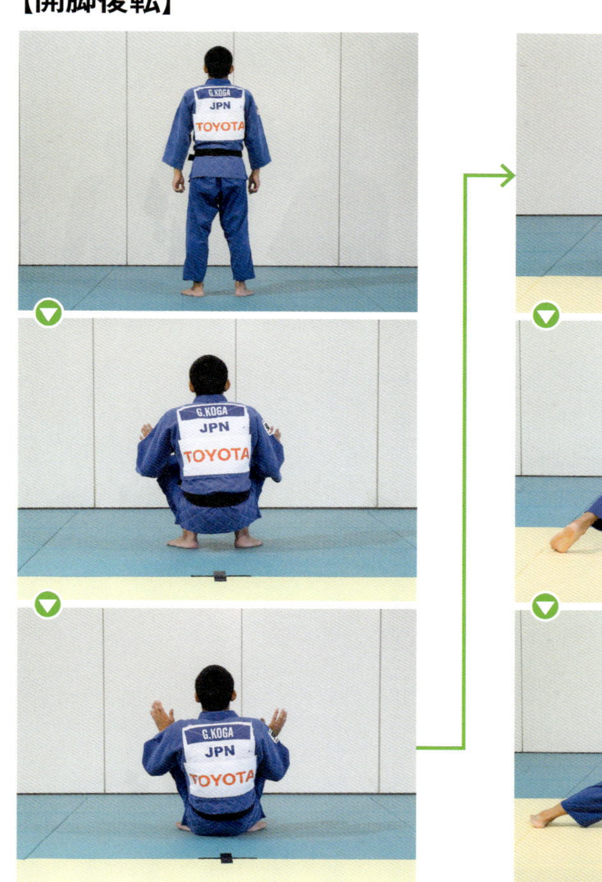

準備体操

ねらい バランスを意識して回転運動を行う

Menu 003 倒立前転・後転倒立

難易度	★★★☆☆
回数	3～4回

得られる効果
- スピード
- スタミナ
- ▶ パワー
- テクニック
- ▶ 柔軟性
- ▶ 巧緻性

やり方

1 倒立をして、バランスを整えてから前転をして立ち上がる

【倒立前転】

なぜ必要？

身体のバランスを意識する

倒立により、不安定な体勢でもバランスを整えることを意識し、回転運動へつなげることで身体の使い方を覚えていく。後転倒立では両手で畳を押すことも大切だが、背中を使って体を跳ね上げて倒立へつなげることも重要だ。

ここに注意！

ある程度の筋力も必要

筋力がないと、倒立した際に腕で身体を支えきれずに頭から落ちて首を痛めてしまう可能性がある。筋力に自信がない場合はいきなり行うのは避け、まずは補助をつけた状態から始めてみるのも良い。

やり方

1 後転から倒立をして、バランスを整えてから立ち上がる

【後転倒立】

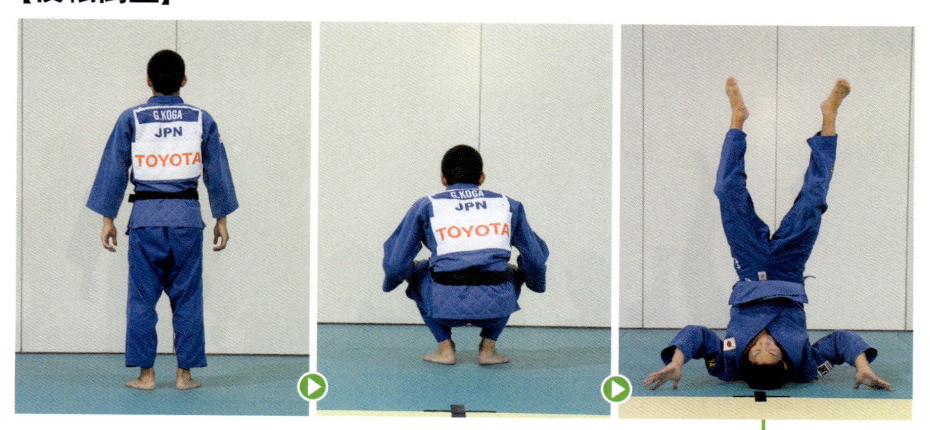

難易度	★★★☆☆
回　数	左右各３～４回

得られる効果
- ▶ スピード
- ▶ スタミナ
- ▶ パワー
- ▶ テクニック
- ▶ 柔軟性
- ▶ 巧緻性

ねらい
重心移動の感覚をつかむ

Menu 004 側転

やり方

1 回転する側の足に重心を移動し、ヒジとヒザを伸ばした状態で回る。一方向だけなく、左右両方向を行う

? なぜ必要？

横回転での重心移動を身体で覚える

これまでの前転、後転といった動きは縦の動きであったが、側転は横の動きとなるため、ややレベルは上がる運動となる。バランス良く、大きな回転とするためには、ヒジとヒザを真っ直ぐに伸ばして、身体の重心が一定に保たれて平行に、真横に進んでいく感覚をつかもう。左右両方向行い、同じバランス感覚でできるようになることも大切。

ワンポイントアドバイス

» 手と脚を着く位置を一直線上に

真っ直ぐ、バランス良く回るためには、最初に手を着く位置が重要になる。手と足が一直線上に着くように意識してみよう。慣れないうちは、目印などをつけても良い。また、恐がってしまい両手を同時に着いてしまうこともあるので、左手、右手の順番で（写真の場合）畳に手を着くようにしよう。

準備体操

ねらい

身体の重心の使い方を身につける

難易度	★★★☆☆
距離	6～7m

得られる効果
- ▶ スピード
- ▶ スタミナ
- ▶ パワー
- ▶ テクニック
- ▶ 柔軟性
- ▶ 巧緻性

Menu 005 倒立歩行

やり方

1. 立った状態から倒立をして、バランスを整える
2. 左右の腕に重心を移動させながら、腕を前に出して歩く

✕ ここに注意!

勢いで進まない

歩行により左右交互に腕を動かすため、両腕で身体を支えた状態から、一時的に片腕一本で身体を支えることになる。歩を進めるためにはある程度の勢いも必要だが、**身体の重心をうまく動かして片腕でバランスを保つ意識を忘れないようにしよう。**

準備体操

ねらい 不安定な体勢から重心を安定させる

Menu 006 後転倒立歩行

難易度	★★★★☆
距離	6～7m

得られる効果
- ▶スピード
- ▶スタミナ
- ▶パワー
- ▶テクニック
- ▶柔軟性
- ▶巧緻性

やり方

1. 後転後転から倒立し、バランスを整える
2. 左右の腕に重心を移動させながら、腕を後ろに出して歩く

ポイント

基本的な倒立ができるようになってから

安定した後転倒立歩行を行うためには、高いバランス感覚と体力が求められる。倒立するときの「上体を持ち上げる」動作に筋力が必要になる。倒立前転、後転倒立ができるようになったらチャレンジしてみよう。

準備体操

ねらい

身体のバネの使い方を身につける①

Menu 007 ヘッドスプリング

難易度	★★★☆☆
回数	1～2回

得られる効果
- ▶ スピード
- ▶ スタミナ
- ▶ パワー
- ▶ テクニック
- ▶ 柔軟性
- ▶ 巧緻性

やり方

1 前転をして、2回目の前転で頭を畳につけたところから、全身のバネを使って身体を跳ね上げ、立ち上がる

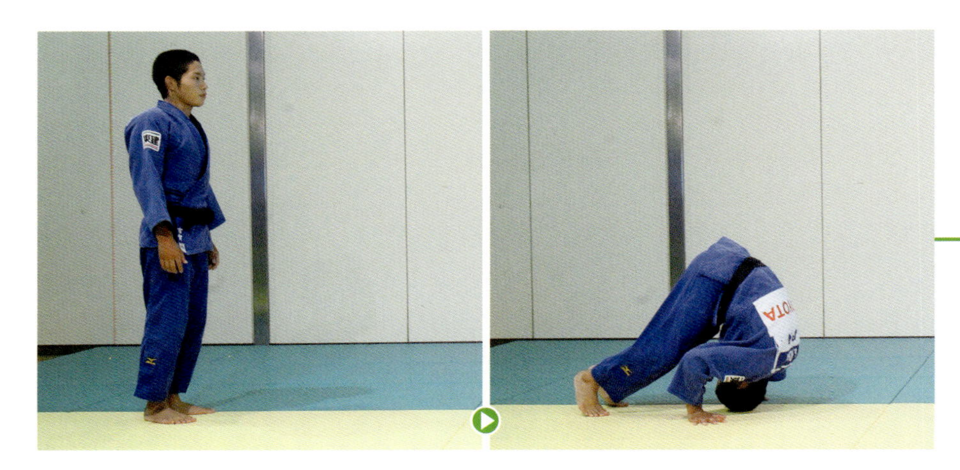

? なぜ必要?

全身のバネの使い方を覚える

手と頭を畳に着いたところから身体を跳ね上げる動作を、腕の力ではなく、**身体全体のバネを使うことを意識して行う。**もちろん腕や首の力も必要ではあるが、その力に頼りすぎないように。こういった動きのなかで身につけた身体のバネは、立ち技や寝技にも確実につながってくる。

首に体重をかけすぎないこと

力強く跳ねようとするあまり、首に負担をかけすぎるのは危険だ。慣れないうちは補助を入れて動きの感覚をつかみつつ、徐々に補助の力を弱くして形をつくっていくのも良いだろう。準備体操なので、ケガのリスクは極力抑えて練習を進めていこう。

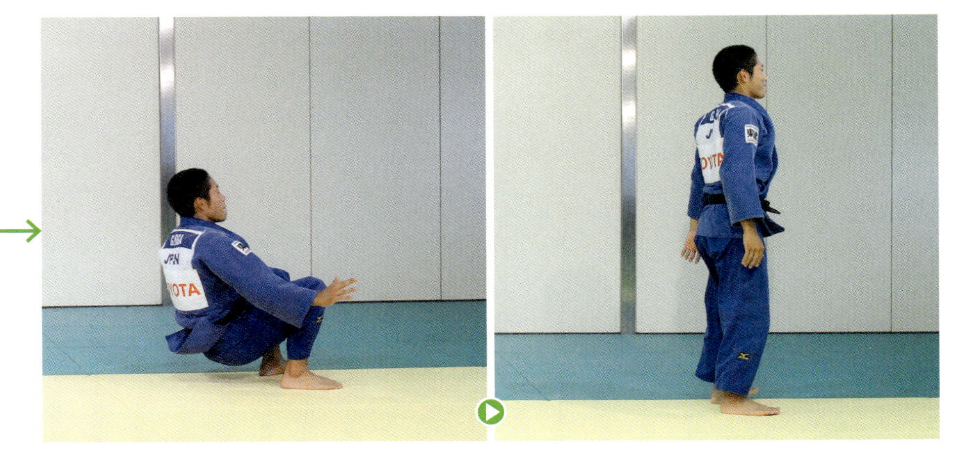

準備体操

ねらい 身体のバネの使い方を身につける②

Menu 008 ハンドスプリング

難易度	★★★☆☆
回 数	1～2回

得られる効果
- ▶ スピード
- ▶ スタミナ
- ▶ パワー
- ▶ テクニック
- ▶ 柔軟性
- ▶ 巧緻性

やり方

1 立った状態から倒立をして、全身のバネを使って身体を跳ね上げ、立ち上がる

なぜ必要？

バランスを整えながら身体のバネを養う

運動のねらいとしてはヘッドスプリングと基本的には同じだが、低いところからスタートし、さらに両手と頭で身体を支えるヘッドスプリングとは違い、両腕の２本だけで身体を支えるハンドスプリングはバランスを整えるのがより難しい。身体のバネを使って跳ね上げる点は意識しつつ、バランスを保つことも意識しよう。

ポイント

勢いをつけすぎず、倒立でバランスを取る

勢いをつけて行うと、足が空中に上がるより前に頭が突っ込んでしまい、うまくできない。勢いで跳ぶのではなく、倒立する要領でしっかりと身体のバランスを保った上で、全身のバネを使って跳ね上げるイメージでやってみよう。全身の器用さを養うだけでなく、体力づくりにも役立つ。

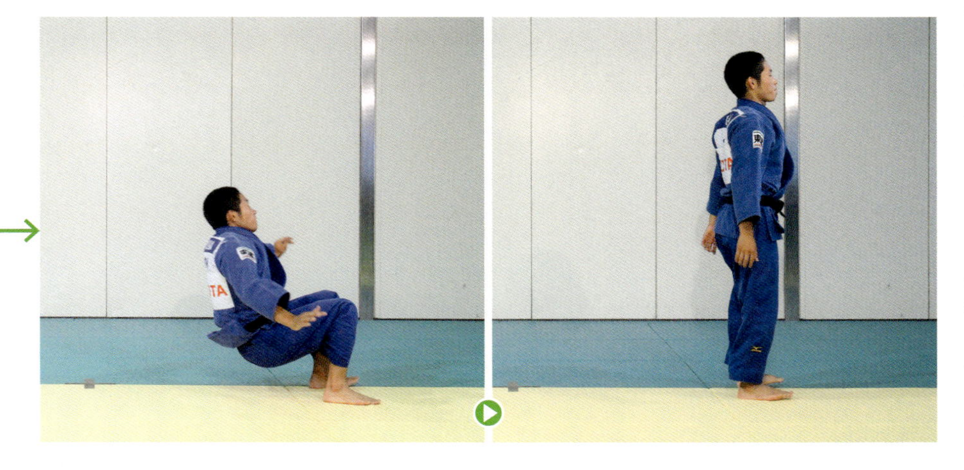

準備体操

ねらい 安全に相手の技を受ける

Menu 009 前回り受身

難易度	★★★☆☆
回　数	左右各４回

得られる効果
- スピード
- スタミナ
- パワー
- テクニック
- 柔軟性
- 巧緻性

やり方

1. 左足を前に出し、左腕を回し込みながら前転のように回転し、右手を畳みに着いて立ち上がる
2. 逆側も行う

? なぜ必要？

安全に稽古を行うための基本的な技術

受身は安全に相手の技を受け、ケガを防ぐために必要な技術であり、もっとも基本的な技術とも言える。**身体を柔らかく使い、相手の技による衝撃を吸収する。**前回り受身以外にも、本書では掲載していない後ろ受身や横受身など、受身の形を確実に習得できていないうちは、相手と技を掛け合うような練習は避けよう。

✕ ここに注意！

首や頭から着かない

前転とは異なり、回転するときに首や頭から畳に着くと脊髄を痛める危険性がある。アゴを引き、首を回転する方向に逃がして肩から回るようにする。

難易度	★★☆☆☆
回　数	左右各 10 回

得られる効果
- スピード
- スタミナ
- パワー
- **テクニック**
- 柔軟性
- 巧緻性

ねらい
足技の基本を身につける

Menu 010 足払い

やり方

1 立った状態から、左右交互に畳を掃くように足払いを行う

横から

? なぜ必要？

相手の重心を崩すための基本技

柔道には数多くの足技があるが、それらの基本となるのがこの足払い。一本を取るのはもちろん、次の技につなげる牽制やフェイントとしても使うことができ、相手の重心を崩すためにも有効な技だ。動作を丁寧に確認しながら、リズム良く、一回ずつ前に進んでいこう。

! ポイント

足首を柔らかく使う

足払いは相手の足を「払う」のであって「蹴る」のではない。自分の身体のバランスをしっかりと保ちつつ、足首を柔らかく使って相手の足を払うことをイメージでやってみよう。畳を掃くように、ヒザを伸ばして行うことも大切。左右両方を交互に行い、どちらも同じ形でバランス良くできるようにしよう。

前から

準備体操

ねらい

実戦を意識して足技の基本を学ぶ

Menu 011 ステップ足払い

難易度	★★☆☆☆
回　数	左右各 10 回

得られる効果
- スピード
- スタミナ
- パワー
- **テクニック**
- 柔軟性
- 巧緻性

やり方

1 立った状態から、1 ステップを踏んでから足払いを行う。左右交互に行いながら前進する

? なぜ必要？

移動しているなかでの足払いの技術を磨く

実際の試合においては、止まった状態から足払いを繰り出すよりは、自分も相手も動いているなかで繰り出す場面が多い。この練習ではそのような実戦の場面を想定して取り組んでいこう。ここで身につけたことは着実に、３章以降で紹介する立ち技の練習、そして試合に必ず生きてくるはずだ。

! ポイント

リズム良く、相手が前にいるイメージを持って行う

足払いの練習は、「ひとり打ち込み」とも言える。ただ形だけをこなすのではなく、相手が前にいるイメージを持って、リズム良く、ポンポンと相手の動きを見て踏み込んで足を払うようにしよう。また、足先だけで払うのではなく、腰から足全体を使って払うようにする。

column 1 新学期における指導の留意点

新入生が入学してくる４月。この時期は、新入生に対しては各々の体力、技術のレベルに合わせた練習を取り入れるようにしています。

中学生と高校生とでは体力的にも技術的にも大きな開きがあります。高校に入学したからといっていきなり高校の練習を強いるのではなく、まずは学校生活、寮生の場合だと寮生活に慣れてもらうことが重要です。

さらには、高校生のなかでも２年生と３年生の間には体力差、技術差が存在します。

同じ高校生でも、一学年違えば、そこには大きなレベル差が生じてきます。３年生だけのレベルに合わせた練習だと、新入生はおろか２年生もついてこられなくなってしまうかもしれません。無理な練習で生徒がオーバーヒートを起こしてしまうと、それはケガにもつながります。

たとえば、基礎体力運動の腕立て伏せが50回できない生徒がいたとします。そういった生徒には、まずは20回から始めるように指導します。そして20回ができるようになったら25回、30回と回数を増やしていきます。いきなり無理をさせるのではなく、段階を踏みながら50回ができるように導いていくのです。ケガをしないためにも、ここでもやはり「段階を踏む」ことが大事です。

第２章

寝技の基本習得

１章では基本的な運動能力を身につけたり、
柔軟性を高めてケガを防止する練習を紹介した。
この章では寝技の基本となる練習でまずは形を身につけ、
実戦へつながるような練習を紹介する。

寝技の基本習得のねらい

? なぜ必要？

寝技で相手を抑えたとき、抑えられたときに必要となる動作の基本を身につける。実戦でもすぐに対応できるよう反復練習を繰り返し、腕と足を同時に動かす動作を身体に覚え込ませる

ポイント

寝技では必ず腕と足を同時に動かすこと。腕だけ、足だけを動かしても、攻められたとき、また攻めようとした局面では対応しきれなくなってしまう。また、反復練習では“相手がいること”を想定して行うことも大切。“流れ作業”に陥らないようにする

実戦のための反復練習

実戦で相手を抑え込んだとき、また抑え込まれたときにどのような動作が必要か。そこを理解せずに、ただ抑え込んでいるだけでは相手に逃げられてしまいますし、反対に抑え込まれたら逃げられなくなってしまいます。

この第２章では実戦練習を想定した、寝技で抑えるための基本、抑えられたときに逃げるための基本となる動作を中心に紹介します。これらは柔道を実践する上で大きな意味を持っています。

寝技の動作は、腕なら腕だけを、足なら足だけを動かしていればいいというものではありません。上半身だけを使って相手の動きを制しようとしても、なかなか抑え込むことができないはずです。

また、大きな相手が抑え込もうとしてきた場合、腕だけで防御しようとしても、相手の体重に負けてしまいます。

寝技の動きで大切なのは、腕と足を同時に動かすこと。大きな相手が覆いかぶさろうとしてきても、腕と足の両方を使って抵抗すれば、相手との距離をつくれます。攻めるときも守るときも、腕と足をつねに一緒に動かしながら、相手の身体をさばいていくようにします。

実際の試合では「待て」がかかりますが、練習では「待て」はかかりません。負けるからといってジッとしているだけでは絶対に強くはなれません。

動かなければ、いつかは相手に抑え込まれてしまいます。下になっても決してジッとしない。動きを止めない。攻められても、相手の動きに合わせて自分も動き、チャンスをねらって一気に攻め込むという姿勢を忘れてはいけません。

柔道部の乱取り稽古は、１分もしくは１分半という短時間で組むようにしています。３、４分になると、どうしても「守ろう」という意識が働き、動きを止めがちになってしまうからです。

動きを止めずに相手の隙を突いて反撃できるような体勢でいること、また諦めずに「攻めよう」という強い気持ちを持ち続けることが大事です。

そのためにも、基本の反復練習をしっかりと行い、腕と足を同時に動かす動作を身体に染み込ませていく必要があります。また、“流れ作業”に陥らないよう、抑え込みにきた相手、抑え込もうとする相手を頭で思い描きながら取り組むようにします。基本の反復練習は、実戦の場でも必ず活きてくるものです。

寝技の基本習得

ねらい
相手の抑え込みから逃げる動作を身につける①

Menu 012 エビ

難易度	★★☆☆☆
距離	10～15m

得られる効果
- ▶スピード
- ▶スタミナ
- ▶パワー
- ▶テクニック
- ▶柔軟性
- ▶巧緻性

やり方

1 仰向けになり両ヒザを立てる
2 片方の足で畳を蹴り、同時に上体を屈めながら頭の方向に進んでいく

横四方固めからの抑え込みから逃げる

「エビ」のように状態を丸く曲げながら進むこの動きは、横四方固めから相手が抑え込みにかかってきたときに、距離をつくって逃げる動作となる。まずは相手がいない状況でしっかりと形をつくろう。準備運動の一つではあるが、実戦につながる基本練習であることも忘れずに意識しよう。

ポイント

腰を相手から遠ざけるイメージを持つ

下の足を引いて、身体をひねりながら腰を相手から離す、そうすることで逃れるイメージを持って行おう。

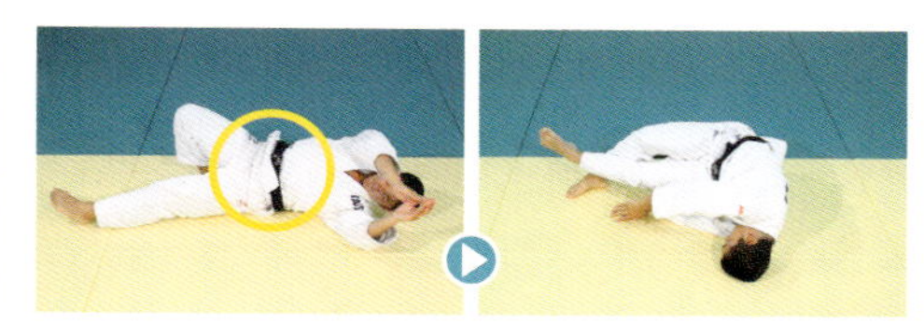

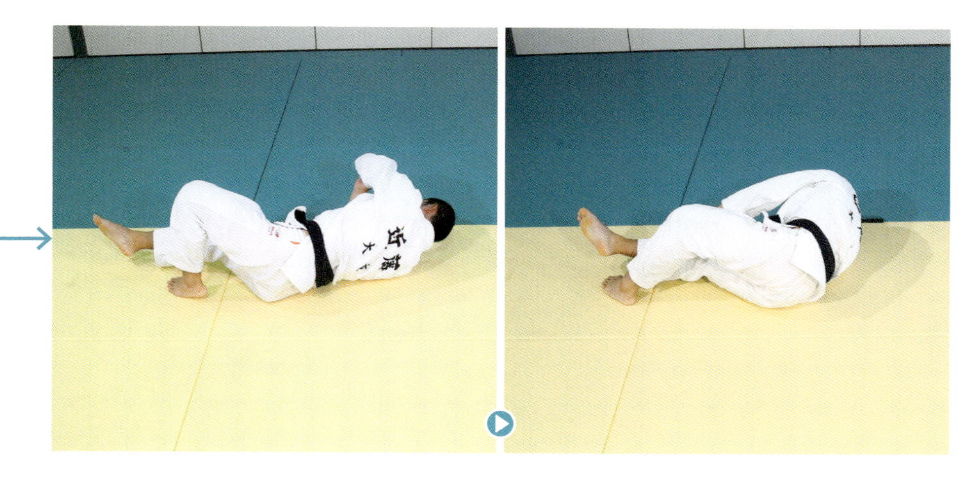

寝技の基本習得

ねらい

相手の抑え込みから逃げる動作を身につける②

Menu 013 逆エビ

難易度	★★☆☆☆
距離	10～15m

得られる効果
- ▶ スピード
- ▶ スタミナ
- ▶ パワー
- ▶ テクニック
- ▶ 柔軟性
- ▶ 巧緻性

やり方

1. 仰向けになり両ヒザを立てる
2. 片方の足で畳を蹴り上げ、身体を跳ね上げながら、お尻の方向に進んでいく

なぜ必要？

上四方固めから逃げる

「エビ」とは逆方向の、お尻の方向に移動するので「逆エビ」だ。相手の上方向からの抑え込みに対して、片足で畳を蹴り上げてお尻を浮かし、反対足と腹筋を中心に身体全体を使ってお尻の方向に逃げよう。最初は身体をうまく使うのが難しいかもしれないが、反復練習を行い身体に覚え込ませよう。

ポイント

腕と足の両方で相手を払いのける

身体を移動させるだけでは相手から逃げることはできない。足はしっかりと畳を蹴って力を加えて身体を動かし、覆いかぶさってくる相手を腕で払いのけるイメージで行う。そのイメージを持たずに漠然と形だけをこなさないように行うことが大切。

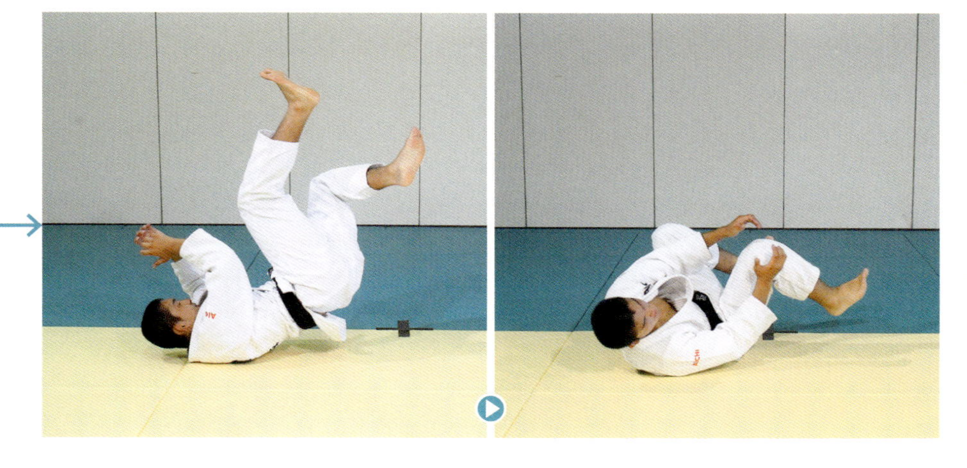

寝技の基本習得

ねらい

寝技の基本的な形を身につける

Menu 014 ワキ締め

難易度	★★★★★
距離	10～15m

得られる効果
- ▶ スピード
- ▶ スタミナ
- ▶ パワー
- ▶ テクニック
- ▶ 柔軟性
- ▶ 巧緻性

やり方

1. うつ伏せの状態となる
2. 腕を大きく開いて前にやり、ワキを締めながら体を引き寄せて前方に進んでいく

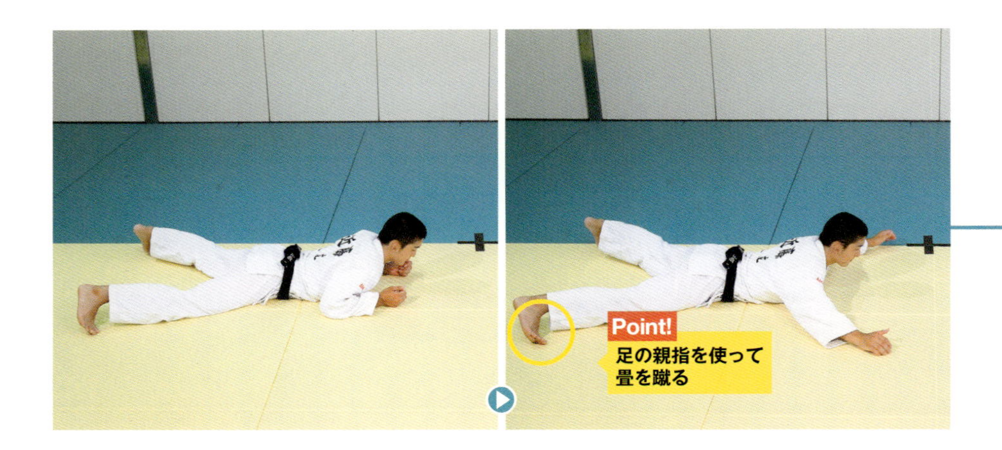

？ なぜ必要？

上四方固めの形となる

仰向けになった相手の上（頭）側から覆いかぶさり抑え込む、上四方固めの動作を身につけるための練習だ。相手の頭を固定し、ワキを締めて相手の頭を固定することをイメージしながら下腹部をしっかりと畳につけて行うこと。また、胸を張り、つま先を立てることも大切。お腹で相手の顔をつぶして、極める。

難易度	★★☆☆☆
距　離	10～15m

得られる効果
- ▶ スピード
- ▶ スタミナ
- ▶ パワー
- ▶ テクニック
- ▶ 柔軟性
- ▶ 巧緻性

ねらい

寝技のバランスを覚える

Menu 015 肩歩き

やり方

1. 仰向けになる
2. 両襟をつかみ、肩と足を使って頭の方向へ進んでいく

? なぜ必要？

バランス感覚を養う

寝た状態でのバランス感覚や、身体をうまく動かす力を養い、寝技の攻防においての対応力を磨いていく。Menu012のエビとMenu013の逆エビを応用させた動きだ。肩甲骨と骨盤を大きく動かしながら進んでいこう。また、頭方向だけでなく、足方向へ進むパターンを行おう。

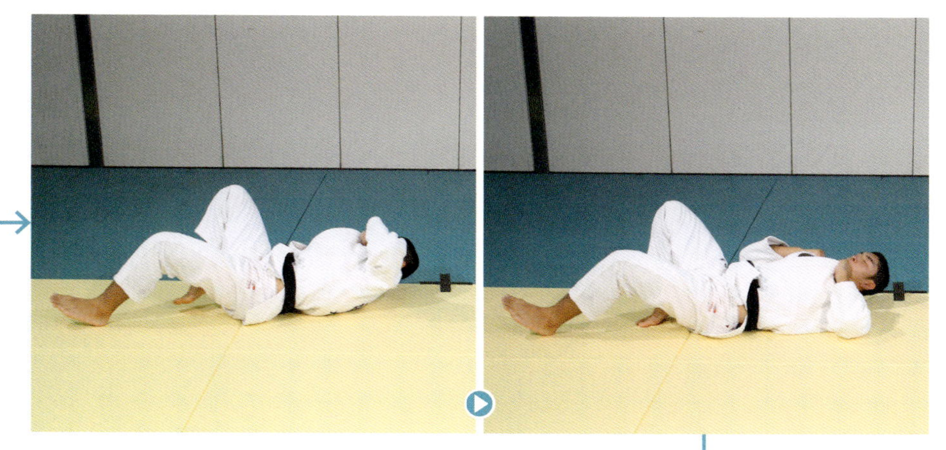

寝技の基本習得

ねらい

体幹部を意識して身のこなしを養う

Menu 016 横跳び

難易度 ★★☆☆☆

距離 10～15m

得られる効果
- スピード
- スタミナ
- パワー
- テクニック
- 柔軟性
- 巧緻性

やり方

1 仰向けになる

2 背筋と腹筋を使って跳ね上がり、横方向に進んでいく

? なぜ必要？

体幹部を強化する

前ページまでのメニュー同様、寝た状態での身のこなしや、抑え込まれたときの対応力を養うのがねらい。エビや逆エビのときと同じように、しっかりと身体を跳ね上げて移動するためには、腹筋や背筋などの全身の筋肉を強く使うため、体幹部を強化できる。

》階級やレベルに応じたトレーニングの調整を

このメニューに限らずだが、軽量級から重量級まで選手の体重はさまざまであり、また、同じ階級であっても長身で細型の選手もいれば、筋肉質な選手もいる。そのため、同じメニューを全員が同じようにこなすことができないことはよくある。この横跳びに関しても、軽量級の選手は高く軽やかに跳べるであろうが、重量級の選手だとそうはいかないこともある。大切なのは、練習の目的、すなわちこのメニューにおいては体幹部を鍛えることができているかだ。中高生ともなるとさまざまな体格の選手が一斉に練習を行うことになるが、一人ひとりをしっかりと見て、方法や強度、回数を調整することも大切だ。

ねらい

上半身と下半身の連動性を高める

Menu 017 スパイダーマン

難易度	★★★☆☆
距 離	10～15m

得られる効果

- スピード
- スタミナ
- パワー
- テクニック
- 柔軟性
- 巧緻性

やり方

1. 四つ這いとなる
2. クモが這うように、右ヒザと右ヒジ、左ヒザと左ヒジを近づけながら前進していく

? なぜ必要?

柔軟性を高め、上半身と下半身の連動性を高める

柔道に限らずだが、スポーツにおいて身体動作の要となる肩甲骨と股関節の柔軟性は非常に大切。「スパイダーマン」の動きをイメージして、上半身と下半身をしっかりと連動させながら進んでいこう

ワンポイントアドバイス

》腰は低く、高さは変えない

このメニューは、上四方固めの動きにつながる。そのため、相手に覆いかぶさって抑え込む形をイメージしながら、できるだけ腰を低く落として行うことが大切だ。また、進んでいくなかで、しっかりと腰を入れて、つねに畳と高さが平行になる位置をキープしよう。

寝技の基本習得

ねらい 四つ這いの相手への攻撃を身につける

Menu 018 寝技の返し(反復)

難易度 ★★★☆☆
時間 5~6分

得られる効果
- スピード
- スタミナ
- パワー
- ▶テクニック
- 柔軟性
- 巧緻性

やり方

1 相手に四つ這いになってもらう
2 相手をひっくり返して、抑え込みにもっていく

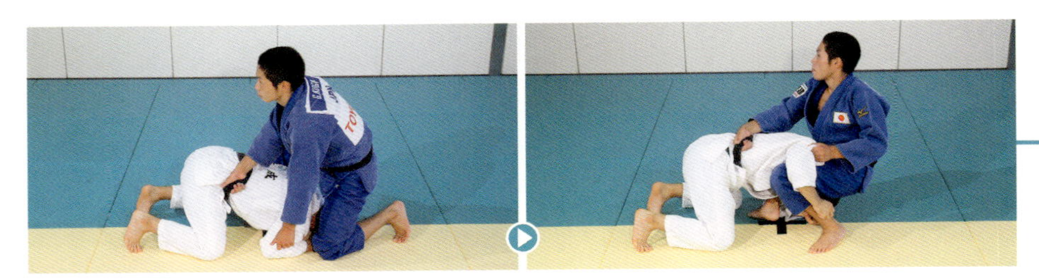

▲相手の袖を持ってワキを開け、ヒザを入れる

▲足を絡めてワキを開けさせる

▲相手の上半身をしっかりと固定

反復練習で形を覚える

守りに入っている相手の返しにはいろんな方法があるが、そのなかでも自分が得意とする返し方を反復練習で習得し、身体に馴染ませる。形を覚えるのがねらいであるため、「受け」は力を入れずに、「取り」に寝技を返させる。

≫ 自分の得意技をまず身につける

ここでは「三角絞め」の流れを一例として紹介しているが、もちろん他の返しからの抑え込みでも構わない。大切なのは、まず自分の得意な返し方を一つ定めて、意識せずに身体が動くようになるまで反復練習を繰り返して身につける。これだったら相手が誰だろうと抑え込める、という自信をつけよう。

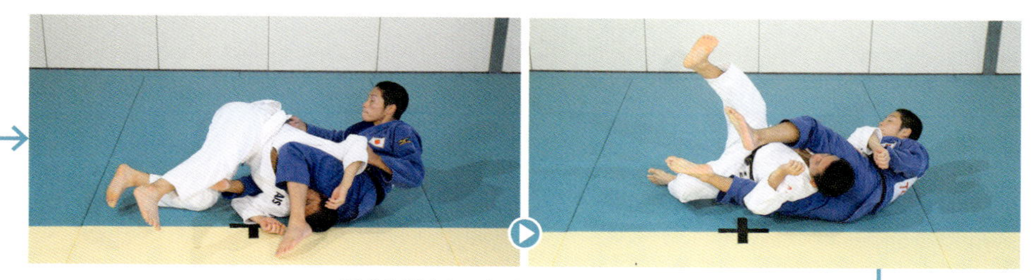

▲ 道着と帯をしっかりとつかんで相手を返す

▲ 相手の左腕を引っ張り出す

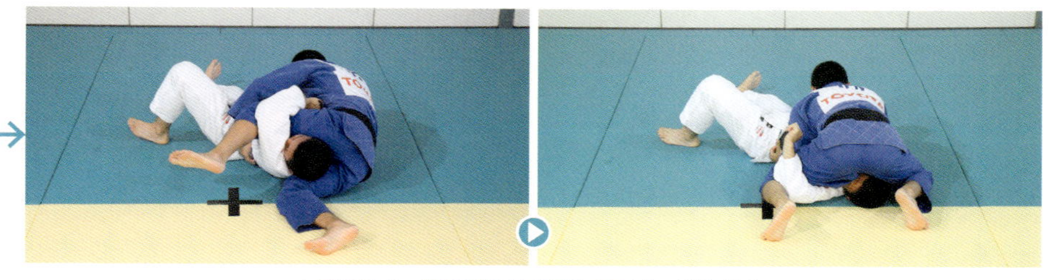

▲ 足を抜き、相手の顔を下腹部で固定して抑え込む

逆側から動きを確認しよう

前ページの三角絞めの動きを、逆側視点から確認する。
まずは動きの流れをつかんで、自分のものにしてほしい。

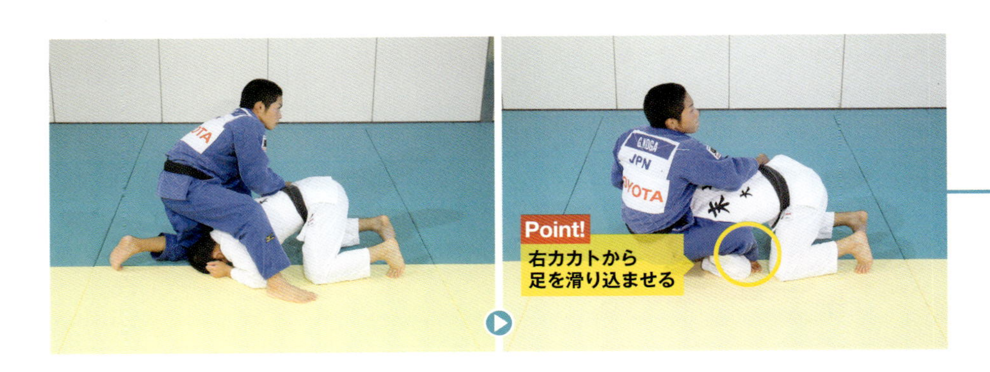

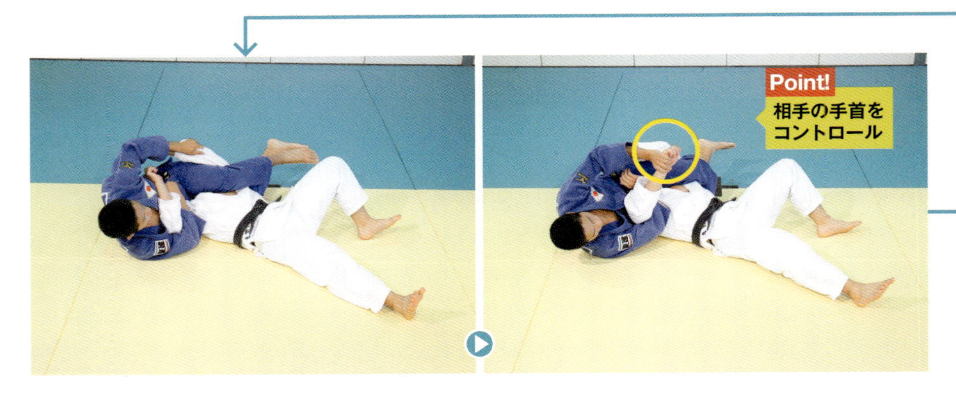

ポイント

一つひとつ確実に

相手を返すといっても、力だけで返せるわけではない。
一つひとつの動作を着実に、しっかりと確認しながら
相手の動きを制限して、抑え込みにもっていこう。

Point!
後ろに倒れ込む
ように相手を返す

Point!
相手の顔を下腹部で
固定して抑え込む

ポイントを確認しよう

ポイント①

カカトから滑り込ませて相手を回転させる支点をつくる

相手のワキの下に右足をカカトからしっかりと入れて、左腕で相手の左腕を、右腕で相手の右腰のあたりの帯を持ち、後ろへ倒れるように回転する。

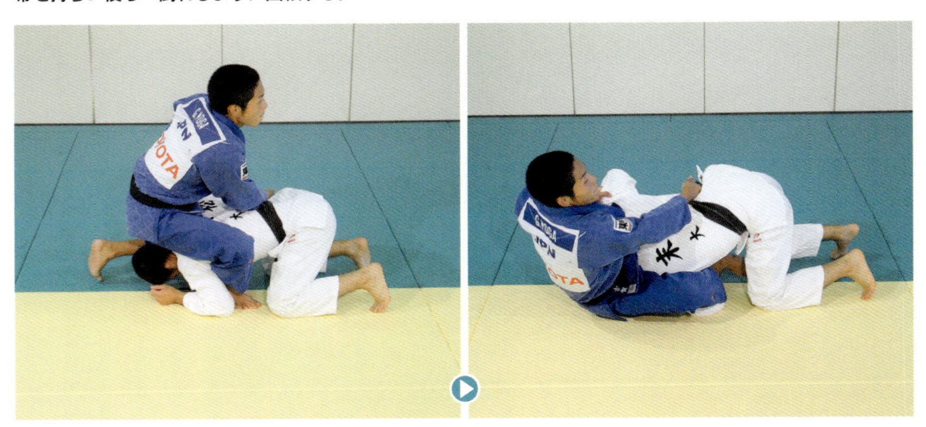

ポイント②

足で相手の動きを制限し、逃がさない

相手は腰を浮かすように抵抗して、逃げようとしてくる。相手の身体を伸ばして動きを制する。左足のカカトと右足のヒザをくっつけて相手の首と右腕を固定し、逃げる隙をつくらない。

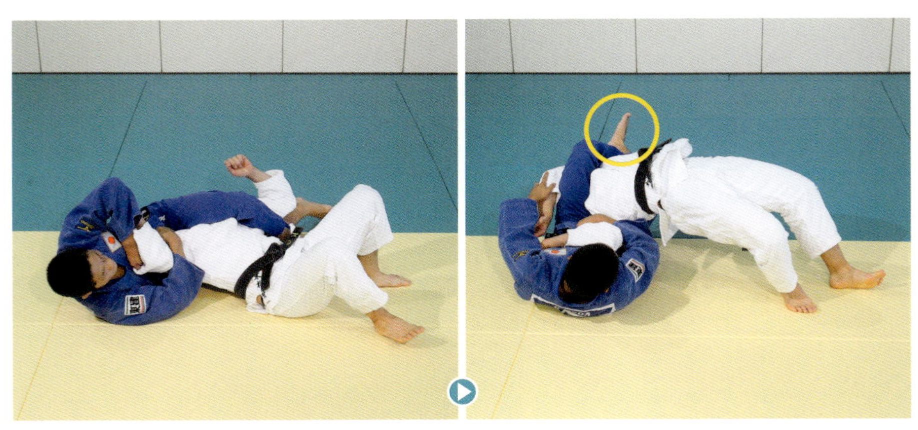

ポイント③

相手の左腕をコントロールして抑え込みの準備にかかる

足で相手の首と上半身の動きを制限できているので、自分の腕で相手の左腕の自由を奪う。こうなれば相手は返すのが難しくなる。

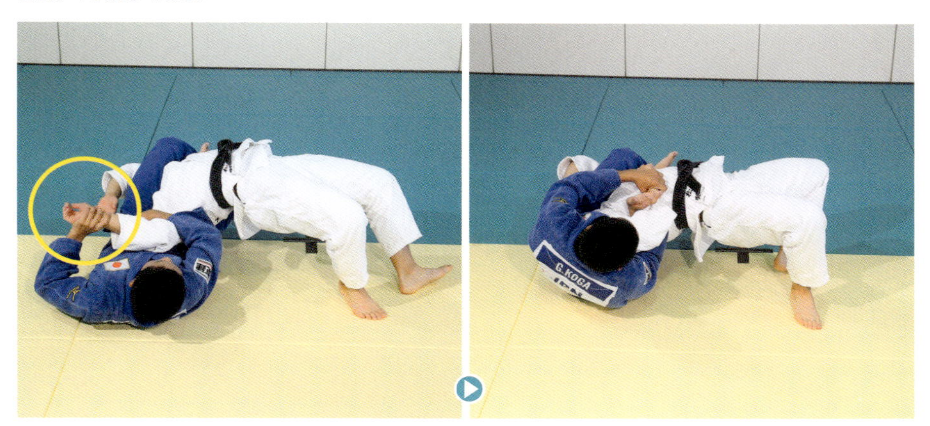

ポイント④

最後まで油断せずに抑え込みにかかる

相手の動きは十分に制限できていても、最後の抑え込みにかかるために足のロックを解除する際に相手は逃げようとする。その隙をつくらないように、油断しないように抑え込みにもっていこう

ねらい
より実戦を意識して寝技を磨く

難易度 ★★★☆☆
時間 5～6分

得られる効果
▶ スピード
▶ スタミナ
▶ パワー
▶ テクニック
▶ 柔軟性
▶ 巧緻性

Menu 019 寝技の返し（受けが8割力を入れる）

やり方

1 Menu018と同様のやり方で行うが、相手は8割の力を入れて抵抗する

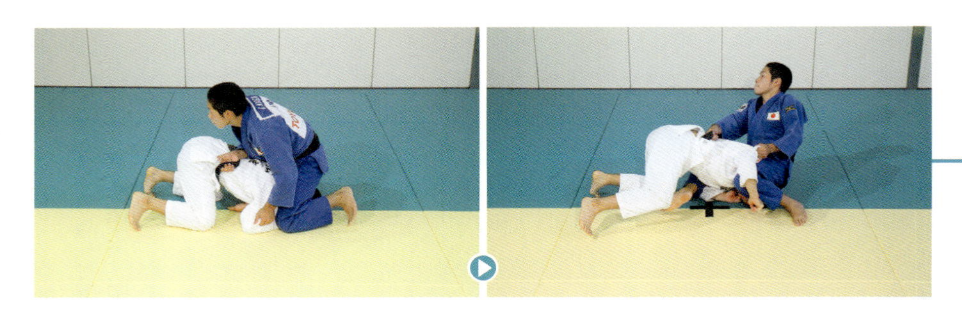

ここに注意!

「受け」は力を入れて抵抗する

より実戦に近い状況をつくって抑え込みにもっていく形を練習するのがねらい。そのために相手は、8割程度の力を入れて、攻撃に対して抵抗することが大切だ。あくまで攻撃側がその抵抗に逆らいながら行う練習なので、受ける側もその点は意識して行う。練習のねらいをしっかりと理解した上で、双方が取り組むことはこのメニューに限らず重要だ。

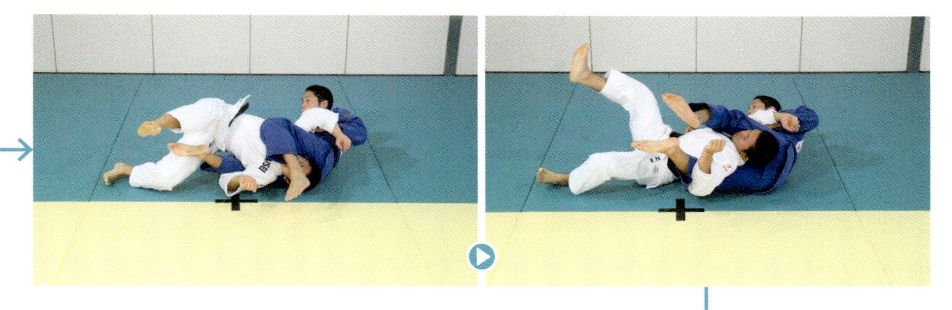

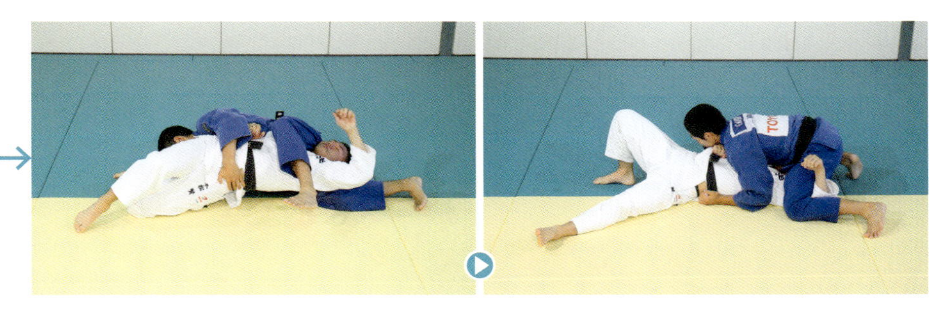

ねらい 身につけた寝技の基本を活用する

難易度	★★★★☆
時間	3分

得られる効果
- ▶ スピード
- ▶ スタミナ
- ▶ パワー
- ▶ テクニック

Menu 020 寝技の乱取り

やり方

1. 正座をして向き合った状態からスタートする
2. お互いに寝技を掛け合う

? なぜ必要?

気持ちの強さを養う

背中合わせでスタートする方法もよくあるが、向き合った状態からスタートすることで逃げ道を少なくし、相手に向かっていく強い気持ちを養う。

技を掛け合うことが練習のねらい

「乱取り」は特にこれをやるといった明確な決まりがない、実戦の形式に近い自由練習だ。試合における感覚や集中力、スタミナなども養う。ただし試合と異なるのは、「技を掛け合う」ということ。積極的に技を掛けることはもちろん、技を掛けられることも重要だ。寝技に限らず、立ち技の乱取りの際にも同様なので、意識して行おう。また、実戦を想定して、短い時間で動きを止めないことも大切。

とにかく逃げない

気持ちが弱い選手は、開始した瞬間に下を向いて技を受けに回りがちだ。技の精度向上だけではなく、自分から積極的に攻めにいく姿勢を身につけさせるための練習でもある。指導者はもちろん、選手自身にもそのことを確実に理解させた上で取り組ませていこう。

column 2 柔道だけではなく人間的な成長を

私は柔道部の生徒たちには礼儀作法に関しては細かく指導しています。あいさつ、言葉遣い、先輩に対する気遣いや目配り。社会では常識とされていることを当たり前のようにできるよう教育しているつもりです。

大成高校の柔道部は、他の先生方からも応援していただいています。恩返しをするためにも、生徒たちには部活動以外の学校生活のなかでは「みんなが嫌がるようなことを率先してやるように」と伝えています。トイレ掃除や力仕事などなど。生徒たちも実践してくれているようです。「柔道部の生徒に助けてもらっています」という声をよく耳にします。

たとえ柔道が強くなっても、人間的に未熟なままでは意味はありません。やはり生徒たちには人間として大きく成長してもらいたいと思っています。

返事をするにしても、自分では「はい」と答えたつもりでいても、その声が相手に聞こえていなかったら、それは返事として成立していません。返事は、相手に聞こえてこそ"返事"としての意味を持ちます。

こういったことを厳しく指導してくれるのは高校までです。大学に入ると、すべてはその人の自主性に委ねられるようになり、叱ってくれる大人も少なくなります。生徒たちからは「うるさい先生」と思われているかもしれませんが、遊びにきた卒業生から「先生がうるさく指導してくれたことが、今になって役立っています」と言ってもらえたときには大きな喜びを感じます。

第３章

立ち技の基本習得

正確に技を繰り出すためには、
反復練習で「形」をしっかりとつくり上げることが大切。
本章では立ち技の基本的な練習方法である「打ち込み」を中心に、
技の形をつくり、より強化し、苦手な部分を克服しよう。

立ち技の基本習得のねらい

なぜ必要?

打ち込みなどは相手を投げるための練習なので、どうしても「投げる」ことへ意識が先行してしまう。しかし、そこで重要なのは相手を「崩す」こと。しっかりとした「崩し」ができなければ相手を投げることはできないため、反復練習で習得していく必要がある

ここに注意!

自分自身の「投げよう」という気持ちに惑わされることなく、一つひとつの動作を的確に行っていくこと。また「移動打ち込み」では、相手に動かされるのではなく、自分から動いて主導権を握るようにする

「気持ち」よりも「崩し」が先

立ち技の打ち込みは、相手を投げるための練習です。そのため、どうしても「投げよう」という気持ちが先行してしまい、結果的に技を失敗してしまうといった例が多く見受けられます。

柔道の技術的要素の基本は「崩し」「つくり」「掛け」の3つで構成されています。投げるためには、まずは相手を「崩し」ていかなくてはいけません。その「崩し」を忘れたまま、「投げ」にいってしまう人がじつに多いのです。

「崩し」を忘れたまま相手を投げようとしても、自分だけが前のめりなって、バランスを崩すことになります。逆に相手はバランスを崩していないため、技を潰されてしまいます。

第3章で解説する練習方法は、「崩し」を意識するための基本稽古です。大成高校の柔道部では、実戦練習よりも、こういった基本稽古のほうに多くの時間を割いています。これは新入生にとっては、特に重要な練習になります。

たとえば「引き出し」は相手を前に引き出す技の練習ですが、止まった状態で相手をうまく引けない生徒もいます。それは、相手を引いているのではなく自分が前に出ていってしまっているからです。

投げ技は、相手を引っ張り出さないことには成立しません。そのためには、しっかりとした「崩し」が必要になってきます。「崩し」ができなければ、相手を投げることはできません。

その「崩し」で大事なのが釣り手と引き手です。釣り手はしっかりつり上げる。引き手はしっかり手首を返す。「引き出し」などの基本稽古では細かい部分にも注意を払い、目的意識を持って取り組んで“流れ作業”に陥らないようにします。

引き出しが身についたら、崩した相手を6、7割ほどの力で持ち上げる「引き出し→持ち上げ」に進みます。そこで動作中のバランスを維持できるようになれば、「3人打ち込み」などを行うようにします。

ここで気をつけたいのは、これまでせっかく練習してきた「崩し」を忘れがちになってしまうことです。「崩し」よりも、「投げよう」という気持ちが先にきてしまうからです。

無理に投げようとすると、技が小さくなってしまいます。しっかりとした「崩し」ができれば、相手を自然に投げることができます。投げるときは「気持ち」よりも「崩し」が先なのです。

打ち込み

ねらい

相手を崩す基本的な動作を身につける

Menu 021 引き出し

難易度	★★★★☆
回数	20本×10セット

得られる効果
- ▶ スピード
- ▶ スタミナ
- ▶ パワー
- ▶ テクニック
- ▶ 柔軟性
- ▶ 巧緻性

やり方

1. 釣り手（写真では右手）で相手の襟を持ち、引き手（写真では左手）で相手の袖を握る
2. 相手を投げることをイメージしながら、相手を前へ引き出す。これを繰り返す

左から

右から

「釣り手」と「引き手」の使い方を覚える

背負い投げなど、相手を引き出す技の正確な崩しを養いながら、実戦に近い感覚を身につける。「釣り手」は下から上に相手を持ち上げ、ヒジが相手のワキの下に当たるイメージで行い、「引き手」は手首をしっかりと返すことが大切。単純な動作を繰り返すのではなく、不得意な技を克服するなど目的を持って取り組むこと。特に、最も基本となる両手の使い方はここでしっかりと身につけておこう。

ここに注意!

前かがみにならない

写真の状態では、「取り」の重心が前にかかっており、引き手はただ相手の袖を引っ張り上げているだけで相手に力が伝わっておらず効果的な引き出しにはなっていない。重心は後ろに、相手を前に引き出して崩すイメージで行うこと。

ワンポイントアドバイス

≫ヒザと両足の親指の付け根に力を入れて引き出す

腕の力だけで相手を引き出すのは難しい。両ヒザと、両足の親指の付け根に力を入れることを意識しながら、グッと引き出す。力づくではなく、上半身と下半身で引き出すことが大切。そうすれば、相手に力が伝わることになる。

打ち込み

ねらい

「崩し」「作り」「掛け」の正確性を高める

Menu 022 引き出し→持ち上げ

難易度	★★★★★
回数	20本×10セット

得られる効果
- ▶ スピード
- ▶ スタミナ
- ▶ パワー
- ▶ テクニック
- ▶ 柔軟性
- ▶ 巧緻性

やり方

1. Menu020の通り「引き出し」を連続して行う
2. 10回目の「引き出し」のときに、相手を投げる形で持ち上げる

技の正確性を高める

相手を「崩し」、間隔や姿勢を「作り」、その状況にふさわしい技を「掛け」るのが基本的な流れ。この練習では、特に「作り」から「掛け」の流れを意識して、正確性を養うことを目的とする。また10回連続して引き出しを行った後に持ち上げを行うため、スピードやスタミナの強化にも効果的だ。

ポイント

戻しの動作も正確に

引き出したあと、しっかりと戻すことも大切。一つひとつの動きを丁寧に行うことが、技の正確性向上につながる。

打ち込み

ねらい 強度を高めたなかで相手を引き出す

Menu 023 3人引き出し

難易度	★★★★★
回数	10本×3～4セット

得られる効果
- ▶ スピード
- ▶ スタミナ
- ▶ パワー
- ▶ テクニック
- ▶ 柔軟性
- ▶ 巧緻性

やり方

1. 「受け」を２人にして、後ろの「受け」は前の「受け」の帯を持つ
2. 「取り」はMenu021と同じく連続して「引き出し」を行う

強度を高めた「引き出し」を行う

後ろの「受け」が前の「受け」の帯を引いて体重をかけることで、「取り」の引き出しへの負荷が高まる。技をかける上でのパワーを高めるのに最適な練習だ。実戦では相手も抵抗して簡単には投げられないので、そういった状況も想定している。

基本の形を崩さない

立ち技の練習になると、どうしても「投げよう」という意識が先行しすぎて力が入ってしまい、正確な動作が疎かになりがちだ。よりパワーが必要な練習になるが、強い負荷のなかでも「受け」が１人のときと同じように正確に、Menu021で紹介した「引き出し」の形を崩さずに行うことが大切。強度の高い動作を繰り返すことで、技の正確性や完成度がより磨かれる。

打ち込み

ねらい

強度を高めたなかで相手を持ち上げる

難易度	★★★★★
回数	10本×3～4セット

得られる効果
- ▶ スピード
- ▶ スタミナ
- ▶ パワー
- ▶ テクニック
- ▶ 柔軟性
- ▶ 巧緻性

Menu 024 3人引き出し→持ち上げ

やり方

1 「受け」を２人にして、後ろの「受け」は前の「受け」の帯を持つ
2 「取り」はMenu022と同じく連続した「引き出し」から10回目で相手を持ち上げる

? なぜ必要？

高い強度のなかでも正確性を保つ

注意するポイントとしては、Menu022の「引き出し→持ち上げ」と、Menu023の「3人引き出し」と同じだ。2人分の負荷を持ち上げるという強度の高い動作を行うことで、技に入る際の瞬発力、パワーを身につけつつ、技の正確性と力強さも養う。ここでしっかりと基本的な技の質を高めておけば、より複雑な状況や高度な技を繰り出す際にも同じ意識で行うことができるだろう。まずは正確性を順に高めていくこと、これが最も大切だ。

打ち込み

ねらい
試合終盤に投げ切るスタミナと精神力の強さを養う

Menu 025 3人打ち込み

難易度	★★★★★
回数	10本×3セット

得られる効果
- スピード
- スタミナ
- パワー
- テクニック
- 柔軟性
- 巧緻性

やり方

1. 「受け」を２人にして、後ろの「受け」は前の「受け」の帯を持つ
2. 「取り」は自分の好きな技を打ち込み、３秒キープする
3. 数秒おいてから、再び打ち込む

なぜ必要？

疲労した状態で 高い負荷をかけ ここぞのパワーを生み出す

「崩し」「作り」の動作をしっかりと行った上で投げにかかる。打ち込み稽古の最後のメニューとして行うことで、パワーアップを図るだけではなく、疲労した状態でもしっかりと相手を投げ切るためのスタミナと心の強さも養うことができる。ここでの稽古が、最後に勝負を分ける試合終盤の強さにつながってくる。

ポイント

後方の「受け」は帯をしっかり引く

高い負荷をかけるために、後方に位置する「受け」は帯をしっかりと引くことが大切。「取り」は２人とも一気に投げきるつもりでパワーを出すようにしよう。

打ち込み

ねらい 技のスピードを高める

難易度	★☆☆☆☆
回数	10本×5セット

得られる効果
- ▶スピード
- ▶スタミナ
- ▶パワー
- ▶テクニック
- ▶柔軟性
- ▶巧緻性

Menu 026 打ち込み50本

やり方

1. 自分が練習したい技、得意な技を選択し、打ち込みを10本行う
2. 「受け」と「取り」を交代し、10本行う。これを5セット行う

? なぜ必要？

回数を増やして実戦に近い状況をつくる

実際の試合のなかでは、疲労度が低いなかで技を掛け合うことは少ない。勝負の分け目となるのは、お互いが疲労したなかでも正確に、力強く技を打ち込めたときだ。10回×5セットと強度が高いなかでも自分の得意技を正確に打ち込めるよう、完成度を高めていこう。

! ポイント①

集中力を切らさない

身体に対してかかる負担、疲労はもちろんのこと、精神的にも苦しい練習となる。しかし実戦では、苦しい状況になればなるほど、精神的な強さが勝負の分かれ目となる。最後まで集中力を切らさずに正確に打ち込むこと。ここで高めた気持ちの強さは必ず実戦のなかで活きてくるはずだ。

! ポイント②

スピードを意識する

３人打ち込みに比べると負荷が非常に軽くなるので、スピードを意識して、技にキレを出すように意識してやってみよう。技が雑になってしまったら本末転倒なので、その点は注意が必要だ。

打ち込み

ねらい

技を掛ける動作を正確に行う

Menu 027 持ち上げ

難易度	★☆☆☆☆
回　数	3本×5セット

得られる効果
- ▶ スピード
- ▶ スタミナ
- ▶ パワー
- ▶ テクニック
- ▶ 柔軟性
- ▶ 巧緻性

やり方

1. 勢いをつけて、イチ・ニ・サンのリズムで相手を投げるつもりで、持ち上げる
2. 相手を変えながら行う

? なぜ必要？

持ち上げの形をつくって投げにつなげる

相手を引き出したら、次はしっかりと持ち上げる。この動作の反復練習だ。まだ自分の形ができていない状態でいきなり投げる動作まで行ってしまうと、自分も相手も危険。一つずつの動作を確認するように、引き出し、そして持ち上げの動作につなげていこう。丁寧に正確に、基本を大切にしながら技を磨いていくことが強くなるために大切なことだ。

ワンポイントアドバイス

≫ しっかりと持ち上げる

持ち上げる動作は、ただ相手を引っ張り上げるだけではダメ。しっかりと腰を入れて相手を担ぐように浮かせて持ち上げる。腰が入らずに、自分が前屈しているようだと持ち上げていることにはならず、試合では逆に相手に攻撃のチャンスを与えることになる。持ち上げるためには、パワーだけでなく、「引き出し」の練習で身につけたように釣り手と引き手の使い方を意識して行おう。

▲ 腰で相手を担ぐことができている

▲ 前屈しているだけで、担ぐことができていない

ねらい 自分も相手も動く状況で技の完成度を高める

Menu 028 移動打ち込み·追い込み

難易度	★★★★★
距　離	10~15m×4セット

得られる効果
- ▶ スピード
- ▶ スタミナ
- ▶ パワー
- ▶ テクニック
- ▶ 柔軟性
- ▶ 巧緻性

やり方

1. 「受け」と「取り」の２人１組となり、向き合う
2. 「取り」が前方に歩きながら、その流れのなかで大外刈りなど相手を追い込んで投げる技を掛ける

? なぜ必要?

自分も相手も動いている実戦に近い状況をつくる

より実戦に近い形式で、技に入るためのリズム、タイミングをつかむ。試合で相手が止まっている状況はなかなか訪れないため、動きのなかで技に入る感覚を移動打ち込みの稽古で養う。

Point!
自分が主導権を持っ
相手を動かす

ワンポイントアドバイス

身体を少しずらした状態で構える

「受け」と「取り」が対面する形にはなるが、鏡のように完全に2人が向き合ってしまうと技を掛けにくくなってしまう。身体を少しだけ横にずらして構え、技を繰り出すためのスペースを確保した状態で取り組んでいこう。

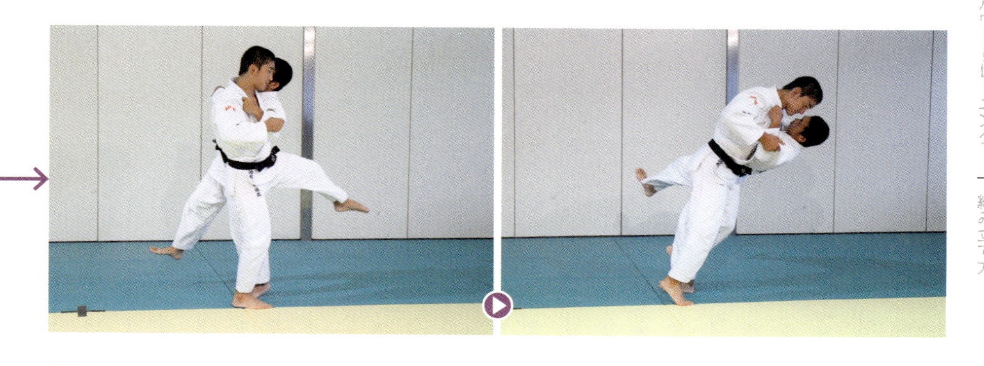

Menu 029 移動打ち込み・引き出し

やり方

1 「受け」と「取り」の２人１組となり、向き合う
2 「取り」が後方に歩きながら、その流れのなかで背負い投げなど相手を引き出して投げる技を掛ける

ここに注意!

止まった状態と同じポイントを意識する

Menu021 や Menu022 で止まった状態からの「引き出し」や「持ち上げ」のポイントを紹介した。しかし、止まった状態での打ち込みで身体に馴染ませた技でも、相手が動くと仕掛ける感覚がまた変わってくる。ポイントはしっかりと押さえつつ、試合のなかで確実に技を仕掛けられるように、正確に技に入ることを心掛けよう。

Point!
身体が崩れないように

Menu 030 移動打ち込み･連絡技

やり方

1 「受け」と「取り」の２人１組となり、向き合う
2 「取り」が前方に歩きながら、その流れのなかで連絡技を入れ、背負い投げなどの技を掛ける（写真は大内刈りから背負い投げ）

ポイント① 連絡技をしっかりと決めるつもりで掛ける

連絡技としてしっかりと成立させるために、**最初の技（大内刈り）も 30 ～ 50%の力で正確に掛けること。**これにより、後に続く投げ技の精度もより高まっていく

ポイント② 「受け」も実戦のつもりで行う

「取り」だけではなく、「受け」も実戦のつもりで行うこと。
試合における技の感覚を身につける練習のため、簡単に投げられるようでは意味がなくなってしまう

Point!
相手の動きを
利用して
投げに入る

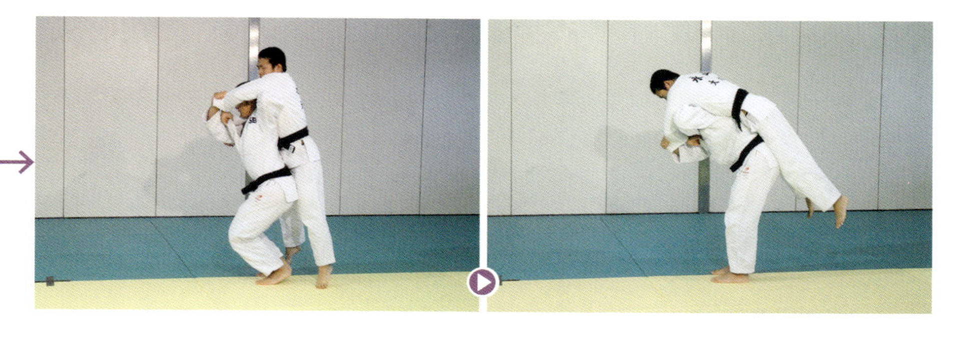

Menu 031 移動打ち込み･横移動

やり方

1 「受け」と「取り」の２人１組となり、向き合う
2 サイドステップのように横に移動しながら、その流れのなかで背負い投げなどの技を掛ける

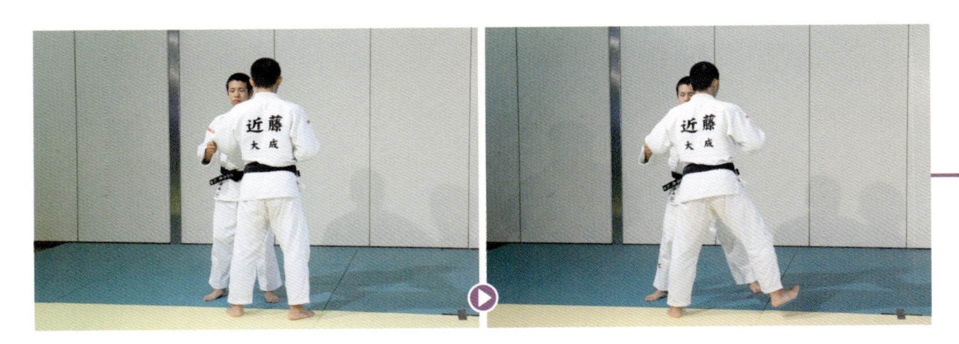

攻撃のバリエーションを広げる

柔道の選手は前後の動きへの対応力は高く、練習でもこれまで紹介したような移動打ち込みなどで、前後の動きは多くこなしている。しかし、人間は構造的にも横の動きには弱い。横に移動する流れから技を掛ける練習を積むことで、攻めのバリエーションをより広げることができる。

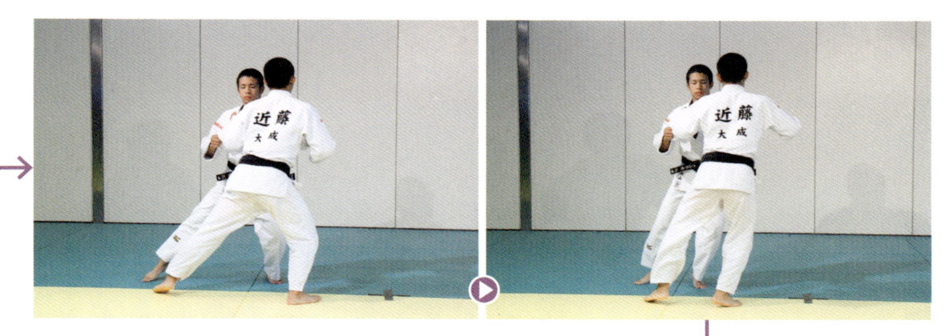

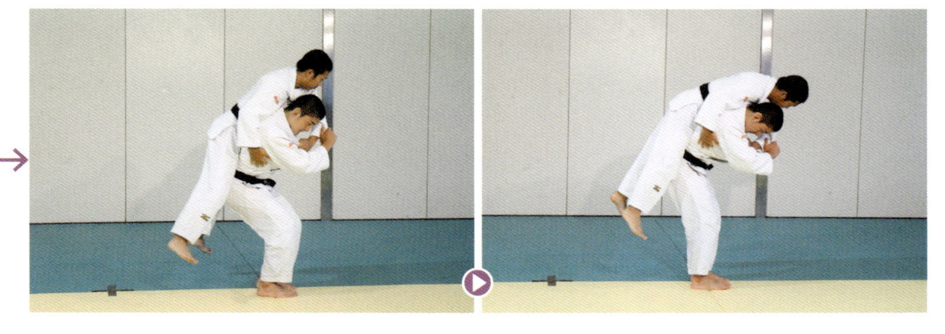

Menu 032 移動打ち込み・回り込み

やり方

1 「受け」と「取り」の２人１組となり、向き合う
2 サイドステップのように横に移動しながら、その流れのなかで大きく回り込みながら相手を引き出して背負い投げなどの技を掛ける

ワンポイントアドバイス

»「取り」は「受け」よりも半歩先に動く

通常の移動打ち込みは相手の動きに合わせて技を掛けるが、この回り込んでの移動打ち込みは、「取り」が「受け」よりも半歩先に動き、先に回り込んで遠心力を使って投げる。

column 3 中学柔道、高校柔道の違い

大成高校は中高一貫校なので、柔道部の練習にも一貫校ならではのメリットが存在します。

たとえば、ケガから復帰したばかりの生徒や、コンディションが芳しくない生徒は、いきなり高校生を相手にするのではなく、調子が回復するまでは中学生と練習することができます。

また反対に、試合を控えた中学生が、より高いレベルを求めるために高校生と練習することもあります。高校生が中学生と、中学生が高校生と、と相手を変化させることによって練習のバリエーションの幅を広げられるところは、中高一貫校ならでの長所といえるでしょう。

ただし、中学生と高校生とでは、試合のルールが異なってきます。高校生になると、実戦に関節技が入ってきます。

これらは新入生にとっては未体験の技術です。そのため寝技の練習では、上級生が乱取り稽古を行っている間に、新入生にはまず関節の取り方、防御の方法を説明するようにしています。

また、中学の柔道ではたとえば両ヒザを畳についての背負い投げや奥襟を握ることなどが禁止された少年柔道のルールが適用されていますが、高校になると一般のルールで戦っていくことになります。新しい学校生活、寮生活に慣れるのと同様に、新入生は新しいルールにも慣れていかなくてはいけません。

第４章

実戦技術の習得

ここまで身につけてきた基本を、実戦のなかで発揮するための
メニューを紹介する。実戦を重視するとはいえ、大切なのは基礎。
まだ苦手なことがあるようなら、前章に立ち返って見直してみるのも良し。
より実戦を意識した練習で、勝つための力を鍛えていこう。

実戦技術の習得のねらい

? なぜ必要？

頭で考えるのではなく、本能で使いこなせる技を持っていれば、試合を有利に導けるだけではなく、戦いに臨む気持ちも変わってくる。より確実に一本を取るためにも、一つの技を磨き上げて身につけていくことは非常に有効と言える

✕ ここに注意！

練習や試合を重ねていくと、自分の戦い方の形というものができてくる。また、得意技というものは、立ち技で2、3つ、寝技で1つ持っていれば十分。反復練習で得意技をつくる際には、やみくもにチョイスするのではなく、自分の体格や寝技のスタイルに合わせた技を選ぶようにする。

得意技を身につける

得意技は考えてから出すものではありません。頭で考えてから動こうとすると、そこで「本当にこの技で大丈夫なのか？」「どうしよう？」などの迷いが生じ、逆に動けなくなってしまいます。

寝技であれば、相手ともつれながらも本能的に身体が動いて自然と抑え込みにいっている。頭で考えるのではなく、条件反射のように動いて技の形に入っていく。そういった場面で出た技こそが本当の得意技です。

この章では、得意技を身につけるための練習法の一例を紹介します。方法としては、実戦に近い形で反復練習を繰り返し、技を身体に刷り込ませていきます。これらは「一つの技の精度を高めていく」「より一本を確実に取れるようにする」ための練習といっていいでしょう。

寝技でもつれて、自分が上になった際に、得意とする技をしっかりと使えるか。それとも何もできないまま「待て」の声を聞くことになるのか。そこで試合の流れは大きく変わってきます。

主導権を相手に奪われたとしても、「この形になれば絶対に抑え込むことができる」「少し技の形は違っても、この体勢になればこっちのもの」という技が一つでもあれば、試合を戦う上での気持ちも変わってきます。自信を持って臨むことができるはずです。

自然に身体が動いて得意技を繰り出せるようになれば、チャンスが訪れた際にはすぐに自分の形に持っていけます。そういった武器を身につけるためには、反復練習を繰り返し、技を磨いていく必要があります。

また、技は相手が予期せぬタイミングで仕掛けていかなくてはいけません。その「技に入るタイミング」というものは、人それぞれがもっているものです。そこに最大公約数的な正解はありません。他人に教わるものでもありません。練習や経験によって磨かれていくものです。

実戦では自分の思ったように試合が進んでいかないことも多々あります。体力的にも精神的にも追い詰められてしまうこともあるでしょう。

そんな局面で自然と繰り出せる技が、その人にとっての得意技です。反復練習によって一つの技を丁寧に磨いていき、頭ではなく本能で使いこなせるようにする。「技を自分のものにする」とは、そういうことなのです。

寝技の応用技術

ねらい

腹這いの相手を抑え込みにいく

Menu 033 寝技の返し·足ロック

難易度 ★★★★★

得られる効果
- スピード
- スタミナ
- パワー
- テクニック
- 柔軟性
- 巧緻性

まずは流れを確認しよう
（ポイントは次ページで解説！）

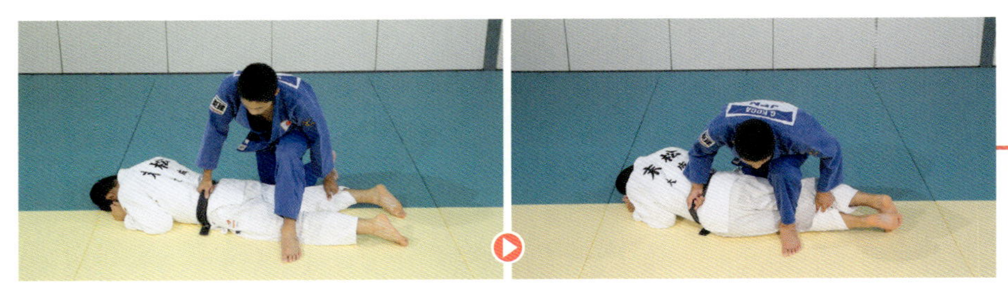

▲ 相手の帯と道衣の裾をつかむ

▲ 絡めた足をロックする

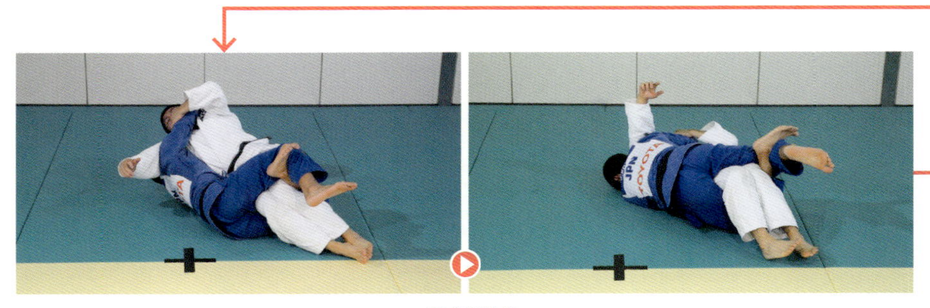

▲ 相手を返す

やり方

1. 「受け」は腹這いの体勢をとる
2. 「取り」は足を絡めて相手をロックし、肩固めで抑え込んでいく

ポイント

回数はレベルに応じて

技を習得するのが大切なので、特に時間や回数は設けない。習得レベルに応じて調整しよう。

ワンポイントアドバイス

≫ 実戦を想定して行う

この章では、実戦のなかで使える技術を磨くのがねらい。相手が腹這いになり防御の体勢をとることは多いので、そのようなシチュエーションを想定して行う。「受け」はある程度の力を入れて抵抗することも大切だ。

▲ 後方に倒れながら相手を返す

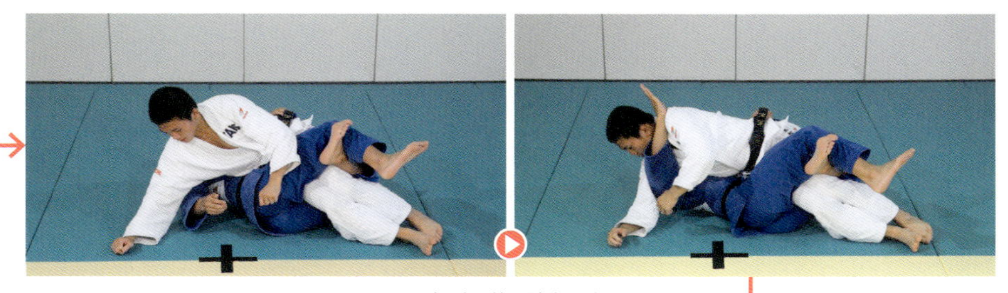

▲ 相手の首に腕を回す

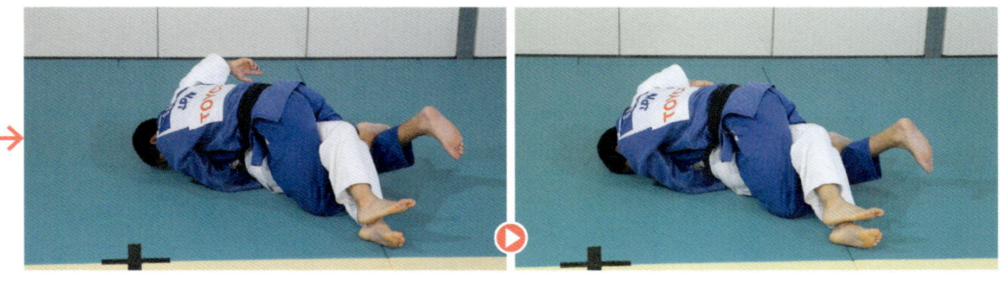

▲ しっかりとロックして抑え込んでいく

足ロックをかける際のチェックポイント

相手の腰を立てる

またいだときの相手の足を、返す方向とは逆側（自分の方向）に向ける。自分のもう片方の足を奥に入れて相手の腰を立てる。

相手の帯と裾をつかむ

力を入れて抵抗する相手を返すためには、しっかりと相手の帯と裾をつかんで、力が入るようにする。

ワンポイントアドバイス

»「あっ」と思ったときに出せるのが得意技

技というのは、状況に応じて考えて繰り出すものもあるが、深く意識しなくとも身体が勝手に反応するように繰り出せるのが自分の得意技である。豊富な技を持つことも強くなるためには必要だが、まずは一つ、「あっ」と思ったときに繰り出せる得意技を身につけてほしい。

手を持ち替える

裾をつかむと、相手は返そうとしてくる。そこで手を逆の足に持ち替えて、次の動作につなげる。

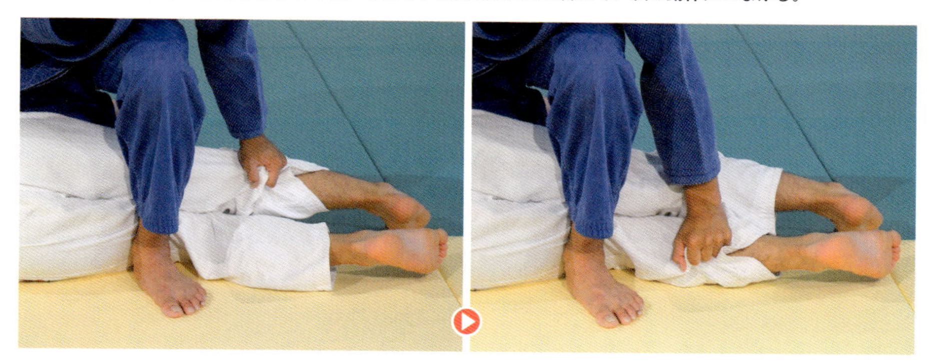

相手の下に潜り込む

後方に倒れながら、回転させるように相手を浮かせて相手の下に潜り込む。

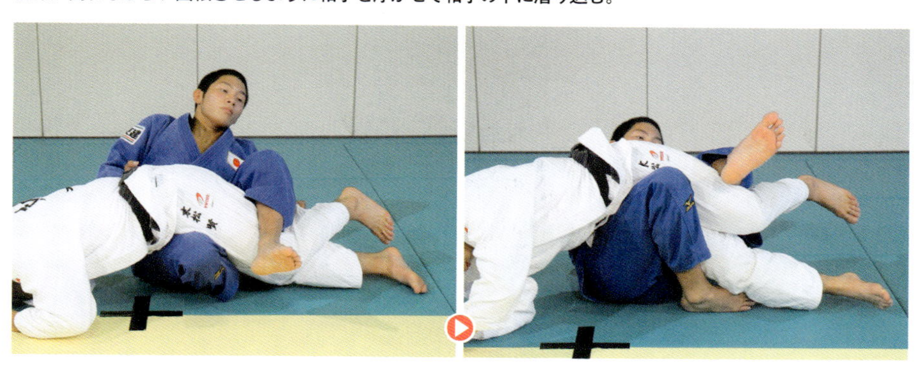

足ロックをかける際のチェックポイント（続き）

足をしっかりとロックする

足の自由が利くように潜り込むことができたら、下の足の足首を上の足のヒザ裏に絡めてロックする。

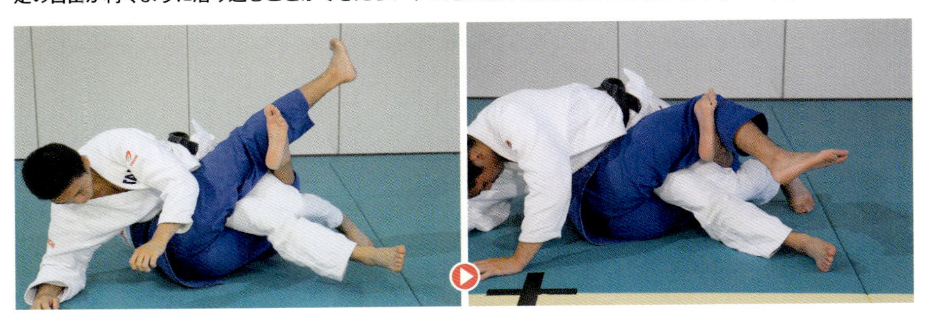

手を持ち替える

足でロックして相手の自由を奪ったら、左手はつかんでいた裾を離し、右手でつかんでいた帯に持ち替える。

ワキの下から腕を差し込む

組んだ足を離さないように意識しながら、右手を相手のワキの下から差し込み、抑え込みにかかる準備に入る。

体を返して抑え込む

ここまで準備を整えたら、帯を持った左手に力を込めながら身体を返して、抑え込みに入る。

寝技の応用技術

ねらい

防がれた十字を再び取りにいく

Menu 034 寝技の返し･関節技を防がれた後の対応①

難易度 ★★★★★

得られる効果

▶ スピード
▶ スタミナ
▶ パワー
▶ テクニック
▶ 柔軟性
▶ 巧緻性

まずは流れを確認しよう
（ポイントは次ページで解説！）

▲ 下から引き込むように相手の腕を取る

▲ 下になったまま回転する

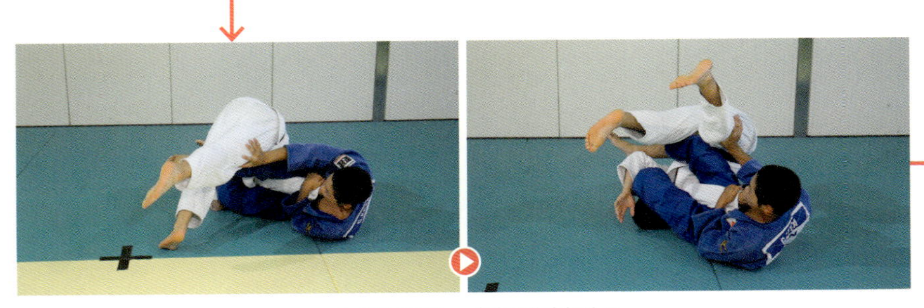

▲ 相手を返し、十字固めを極める

不利な体勢から逆転する

このメニューでは、下からの腕ひしぎ十字固めを防がれた後の対応を学ぶ。相手が上になっている不利な状況ではあるが、その動きを利用して逆に十字固めに持ち込み、形勢を逆転する。

やり方

1. 「受け」が「取り」を抑え込んだ状態からスタートする
2. 「取り」は相手の動きを利用して十字固めに持ち込んでいく

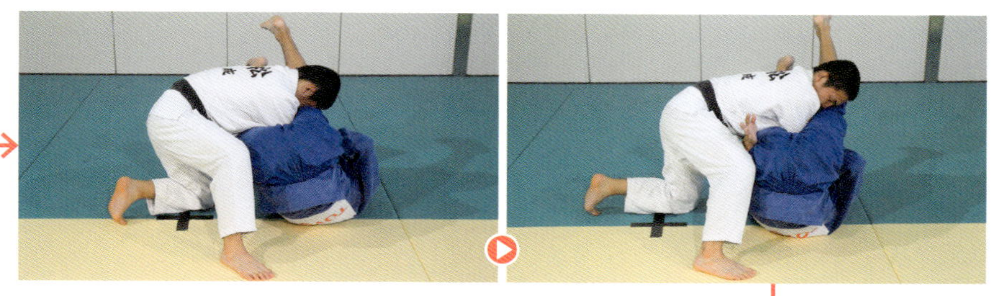

▲ 右足の足を引っかける

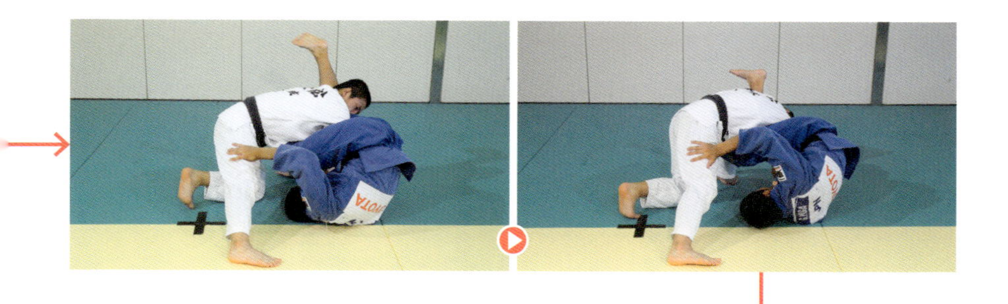

関節技を防がれた後の対応①のチェックポイント

相手の腕をつかんで次の動きの準備

相手は自分の襟をつかんでいるので、その腕をつかみ返し、次の動きにつなげるために腰を少しだけ左にずらす。

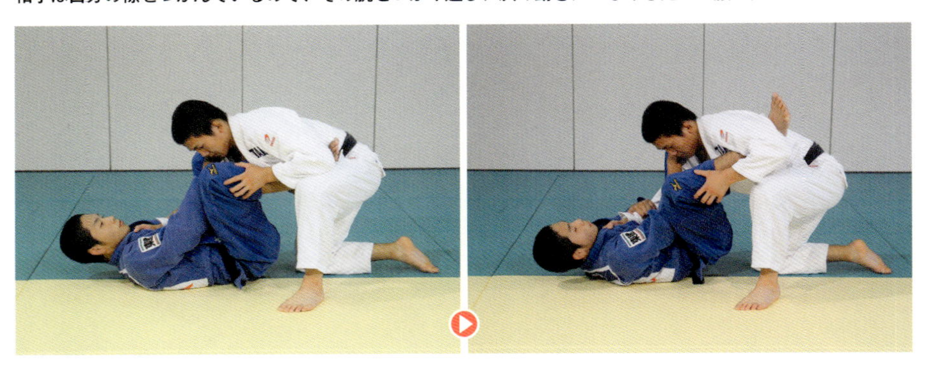

両足をかける

左足を引っかけ、右足をかけたら腕を取れる状態にしておく。まだ技が極まっていないため、
相手よりも先に動くと逃げられるので注意する。

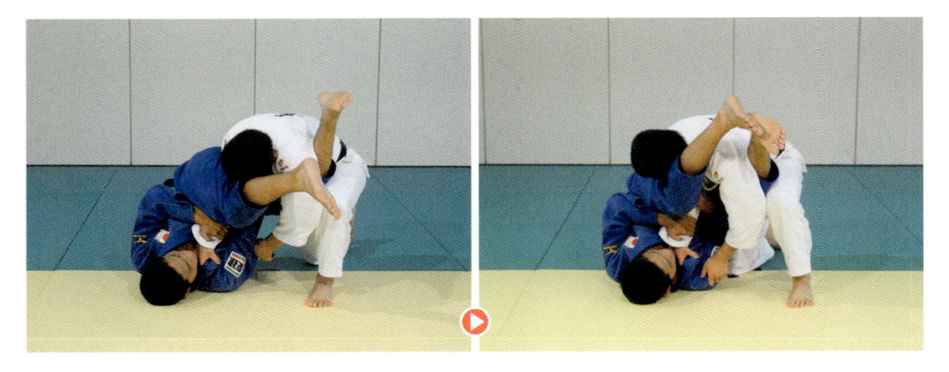

相手に“押し潰させる”

関節を極めようとする自分の意図を感じて、相手は十字を極めさせないように押し潰してくるが、相手を返すために必要な動きとなる。

押し潰してきた動きを利用する

相手が押し潰そうとしてくる力を逆に利用して引き込み、上半身を少しだけずらして相手を返すための準備をする。

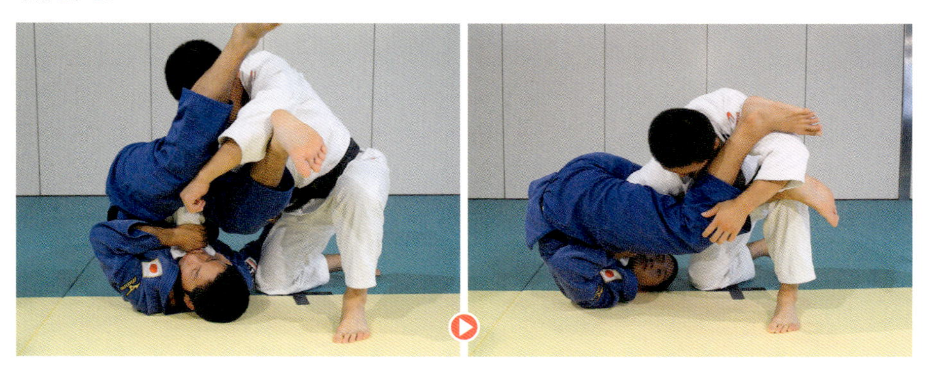

関節技を防がれた後の対応①のチェックポイント（続き）

「相手を動かす」より「自分が回る」

回転する動きのなかで相手を返す。その際、回るときは「相手を動かす」というより「自分が回る」というイメージで行う。相手は押し潰そうと前に体重が掛かっているので、その動きを利用する。

要領は「エビ」などと同じ

逆側から、返す動きを確認する。最後の回転は、Menu012「エビ」などの自分を軸として動く動作と要領は同じだ。右手で相手のヒザの上あたりを押しながら回ると回転しやすい。

ねらい
亀の相手に十字を極めにいく

難易度 ★★★★★

得られる効果
- スピード
- スタミナ
- パワー
- テクニック
- 柔軟性
- 巧緻性

Menu 035 寝技の返し・関節技を防がれた後の対応②

まずは流れを確認しよう
(ポイントは次ページで解説！)

▲ 道衣をつかんで懐を開け、足を入れる

▲ 横に回り、腕を抱える

▲ 相手の身体を返す

? なぜ必要？

相手の防御態勢を崩す

自分がかけた関節技を防がれて、相手は亀の体勢で防御姿勢をとっているシチュエーションを想定している。力づくで相手を動かすでのはなく、一つひとつ意図を込めた動作で相手を崩して、関節技に持ち込んでいこう。

やり方

1 「受け」は亀のように防御姿勢をとる
2 「取り」は相手の腿を蹴り上げて返し、腕ひしぎ十字固めに持ち込んでいく

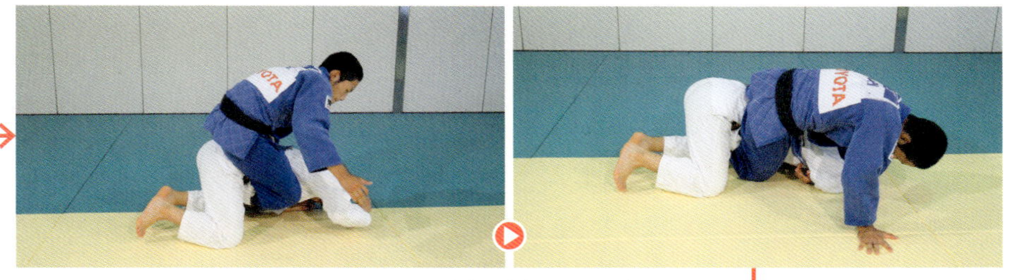

▲ 腰に乗り、腕を取りにいく

▲ 腕を取ったまま、道衣の裾をつかむ

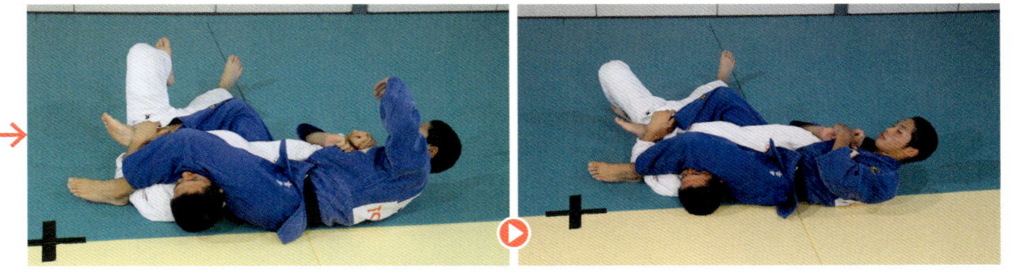

▲ 腕を伸ばして十字を極める

関節技を防がれた後の対応②のチェックポイント

先に右腕を差し込んで相手に隙を与えない

いったん相手を持ち上げて右足を差し込み、横に入ったらまずを腕を入れ替える。その際に、先に左腕を抜いてしまうと相手の右腕が自由になる時間ができてしまい攻撃を防がれてしまうため、右腕を差し込んで確実に自由を奪ってから左腕を抜くことが大切。

ヒザを立てて、相手を返す支点をつくる

腕を入れ替えたほうのヒザ（写真では右足）を立てて、相手の道衣の裾をつかむ。この後に後ろに回転するように相手を返すため、この右足がその支点となる。また、足だけで返すのは難しいので、左手で相手のヒザのあたりの道着をつかみ、力を込める。

関節技を防がれた後の対応②のチェックポイント（続き）

裾をつかんだまま起き上がって返す

相手の自由を奪いながら返せる体勢を整えたら、相手の腿を右足で蹴り上げながら後ろに倒れながら回転するように返す。回転方向は、相手から見て前方向だと耐えられてしまうため、少し斜めの方向に倒れるのが大切。

≫ ここで示しているのはあくまで一例

実戦の状況に応じた寝技の対応バリエーションを紹介してきたが、あくまで一例である。大切なのは、自分の得意技をまず一つ習得して、磨き上げること。自分の体格や長所に合わせた技の反復練習に取り組んでほしい。

ねらい 技術と体力を同時に養う

Menu 036 打ち込みダッシュ

難易度	★★★★☆
回　数	2セット

得られる効果
- ▶ スピード
- ▶ スタミナ
- ▶ パワー
- ▶ テクニック
- ▶ 柔軟性
- ▶ 巧緻性

やり方

1. 打ち込みを３回行う
2. ダッシュで道場の反対側に移動する
3. トレーニングを行う（写真はバービー）
4. ダッシュで戻り、再び打ち込みを行う
5. 2～4をトレーニングの種目数ぶん繰り返す

※種目は、バービー、スクワットジャンプ、抱え込みジャンプ、腕立て伏せ、V字腹筋の５種目

なぜ必要？

体力も養いながら打ち込みを行う

ただ打ち込みを行うだけではなく、間にダッシュ、トレーニング、ダッシュを取り入れるため体力的にはとてもキツい練習だ。打ち込みによる柔道技術と、体力を同時に養い、またよりいっそうきつくなるセットの後半でも同じ動作を最初と同じように繰り返す集中力も高まる。

ここに注意！

動作がおろそかにならないように

とてもきつい練習ではあるが、それぞれの動作をしっかりと丁寧に、おろそかにならないようにすること。ここで気を抜いてしまうと、実戦でも勝負の分かれ目で同じようにゆるみが出てしまう。

▲ バービーで腰高になるのはNG

実戦技術の習得

ねらい 投げ切る集中力を身につける

Menu 037 7秒打ち込み(背負い投げ)

難易度	★★★★☆
回数	10セット

得られる効果
- ▶スピード
- ▶スタミナ
- ▶パワー
- ▶テクニック
- ▶柔軟性
- ▶巧緻性

やり方

1. 7秒間打ち込みを行う
2. 最後は背負い投げで相手を投げる

なぜ必要？

限られた時間のなかで集中して投げる

7秒と時間が決まっているので、選手としては、終わりがわかりやすいぶんそこまで集中力を保って取り組みやすい。限られた短い時間のなかでも相手を的確に投げる集中力を身につけよう。最後まで途切れない意識を持って行うこと。

ここに注意!

投げ捨てない

相手を投げるときに、投げ捨てるのではなく、しっかりと"決める"ように意識すること。細かいところではあるが、そういったところを日頃から意識していないと、競った勝負のときに自分の弱点が出てしまう。相手に対しての礼をもって練習に取り組んでいこう。

Menu 038 7秒打ち込み（大外刈り）

やり方

1 7秒間打ち込みを行う
2 最後は大外刈りで相手を投げる

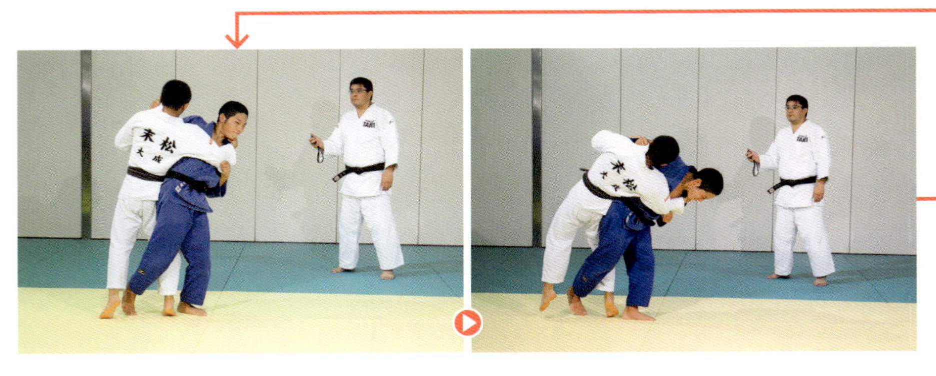

ワンポイントアドバイス

≫ 得意技の完成度を高める

基本的に意識することはMenu037と同じ。今回は大外刈りで相手を投げる。いろんな技を繰り出せることは大切だが、まだ初心者のうちなど、試合で決めることができる得意技を磨くことも大切。しっかりと技の正確性を身につけるとともに、完成度を高めていこう。**自分が自信を持って繰り出すことができる技を持つだけでも試合に臨む気持ちは変わってくるはずだ。**

実戦技術の習得

ねらい

より速く正確に技を打ち込む

難易度 ★★★★☆
回数 1セット

得られる効果
▶スピード
▶スタミナ
▶パワー
▶テクニック
▶柔軟性
▶巧緻性

Menu 039 スピード打ち込み

やり方

1. 通常よりも速いスピードを意識して技を打ち込む
2. 最後は相手を投げる。技は、自分の好きなもので良い（写真は背負い投げ）
3. 60秒→50秒→40秒→30秒→20秒→10秒→10秒を、「受け」と「取り」を交代しながら行う。10秒の際は息を止めて行う

技のスピードをアップする

技の正確性を高めることはもっとも大切ではあるが、目まぐるしく状況が変わる試合のなかでは、ここぞというときに素早くかつ正確に技をかけていくことも大切。まずは確実に、3人打ち込みなのでパワーも高め、このメニューでスピードのある状況のなかでも技を打ち込める技術を習得しよう。

時期に応じた回数・時間の設定を

非常に体力を消耗するため、時期によって回数や時間の調整は行うこと。かなり消耗したなかで行うのであれば5分、調整期に入っている時期は10分など、その時期の練習内容に合わせて回数や時間をこまめに設定していこう。やみくもに、回数を多くこなせば良いということはない。

難易度 ★★★★★

得られる効果
- ▶ スピード
- ▶ スタミナ
- ▶ パワー
- ▶ テクニック
- ▶ 柔軟性
- ▶ 巧緻性

ねらい 大会で戦い抜く体力と気力を養う

Menu 040 抜き勝負

やり方

1. 練習対象者を 1 名決める
2. 相手として約 15 人程度が並び、連続して全員と勝負を行う
3. ルールとして、自分が 1 本を取れば相手を交代する。1 本取られる、あるいは決着がつかない場合は 2 分で相手を交代する

なぜ必要？

連続して試合を行う実際の大会を意識して集中力を磨く

大会では、1日に1試合ということはありえない。勝ち抜けば勝ち抜くほど、1日に数試合、連続して相手と戦うことになる。体力的にはもちろん、精神的な強さも大切になってくる。大成高校で行っているこの抜き勝負は、大会の直前に行うことも多い。かなり厳しい練習であることに間違いないが、実際の大会は抜き勝負そのもの。それを意識してあえてきつい練習を行い、体力、技術、そして気持ちを本番に向けて整えるために行っている。時期によって練習を使い分け、選手のモチベーションを整え、最高の状態で大会に臨ませることも指導者にとっては大切だ。

ワンポイントアドバイス

≫ 声掛けをしっかりと行う

技術や体力の強化も大切だが、メンタル面の強化も柔道においては非常に大切な要素。試合で勝敗を分ける本当の勝負となるのは、きつくなってから。練習中でも選手が「きつくなってきた」と思ったら、しっかりと声をかけて、気持ちが負けないようにすること。相手をつかんだら離さない、組んだら自分から攻めていく柔道をぜひ選手には目指してもらいたい。選手が練習のねらいを理解するのはもちろん、指導者も同じように理解して練習を行うようにしよう。

column 4 抜き勝負の方程式

団体で勝つために必要なものとは、一体なんなのでしょうか。強い選手を５人揃える？　それも確かに一つの正解ではあります。しかし、それだけは日本一になるのは難しいでしょう。

キツい局面からさらにがんばれる気持ちがなければ、日本一にはなれません。自分に勝てないことには、相手にも勝てないのです。

抜き勝負では、１人に勝ったとしても次に負けてしまったらイーブンです。１勝１敗では「１－１＝０」で勝ったことにはなりません。

１人に勝ったら、次のもう１人にも勝つ。もしくは引き分ける。負けるとしても時間いっぱい戦い抜き、相手を疲れさせてからバトンタッチする。これが団体戦を勝ち抜くための手法です。私はこの戦術を「抜き勝負の方程式」と呼んでいます。

それを実践するためには、Menu 040で紹介したような、強い気力と体力を要する練習に身を置くことも大切です。キツい練習を行うことで、キツい局面に慣れておかなければなりません。

なぜキツい練習をするのか。その意味を理解させないまま練習を続けても、生徒たちは伸びていきません。ただ時間をこなすだけの練習では強くなれません。

練習に取り組む際に、生徒たちにその練習の意味をしっかりと把握させることが強くなる近道でもあります。チーム全体で練習の意味を理解し、その意識を共有すると、チーム力は必ず上がっていきます。

第5章

パワートレーニング

体力向上は柔道において重要な要素であることは言うまでもない。
道場内での筋力トレーニングはもちろん、
グラウンドでのランニングまで、瞬発力、筋力、持久力を
高めるトレーニングを紹介する。

パワートレーニングのねらい

? なぜ必要？

一流選手はみんなすばらしい体力を持っているもの。体力がなければ、たとえどんなに優れた技術を持っていたとしても、それを使いこなすことはできない。また、基礎的な体力を養うことは、ケガの防止にも直結する

✕ ここに注意！

強い身体を養えるからといって、やりすぎるのは禁物である。基礎体力運動で疲れてしまい、柔道の稽古に集中できなくなってしまってはダメ。また、そうしたトレーニングはこつこつと続けることが大切。月に数回程度の頻度では意味はない。適度な回数、適度な頻度で継続するように

まずは基本的な体力を

何を行うにしても体力がないことには思うように物事を進められないものです。ことスポーツの世界においては、一流選手はみんな、すばらしい体力を持っています。

体力がなければ、どんなに優れた技術を持っていたとしても、それを使いこなすことはできません。柔道の試合では、片足立ちの状態で相手を持ち上げる局面も訪れます。そこでは片足で自分の体重、さらには相手の身体を支えられるだけのパワーが要求されてきます。体力がなければ、そういった場面では対応できません。バランスを崩して、せっかくのチャンスを逃すことになってしまいます。

強くなりたいのであれば、まずは基礎的な体力を養うべきです。そのために大成高校の柔道部で実践している練習方法を、この章では紹介していきます。

昔の部活動では当たり前のように実施されていたうさぎ跳びやアヒル歩きは、現在では「ヒザに悪い」という理由で指導の現場から消えていきました。

柔道に足腰の強さは不可欠です。柔道に励む高校生の足腰をうさぎ跳び、アヒル歩きなどの以外の方法でいかにして鍛えていくか。その明確な答えを持っている人は少ないように思えます。

もしかしたら、過去にヒザを痛めた選手がいたかもしれません。でも、足腰強化につながったと感じている選手もいるはずです。そうなると、必ずしも間違った練習とは言えないと思います。

今さらあんな練習を……と感じる方もいるかもしれませんが、なんでも近代的なものがいいとは限りません。昔から伝わっている鍛錬法のなかには、現代にも通用する効果的な種目もたくあります。

そういった種目を練習に取り入れていない学校が増えてきたということは、我が校にとっては逆にチャンスです。生徒たちの身体が強くなることは、柔道部にとって必ずプラスの作用をもたらします。

もちろん、ヒザに故障を抱える生徒に、これらの運動を強いることはありません。しかし、実際にうさぎ跳び、アヒル歩きでヒザを壊したという生徒はいません。練習中にひざを痛めた生徒はいますが、うさぎ跳びだけで、アヒル歩きだけでヒザを痛めたという子は私の経験上はありません。

ただし、足腰が強くなるからといっても、やりすぎは禁物です。適度な回数、適度な頻度で行うことが大切です。

パワートレーニング

ねらい

一連の流れでバランス良く体力を向上する

難易度 ★★★☆☆

得られる効果
- スピード
- スタミナ
- パワー
- テクニック
- 柔軟性
- 巧緻性

パワートレーニングのはじめとして、まずは大成高校で実施しているサーキットトレーニングを紹介する。瞬発力や筋力、体力をバランスよく鍛えよう。息を上げることが目的なのでインターバルは取らずに、休憩を挟まず次の種目に移っていく。

サーキットトレーニング7種のメニュー 各20秒

- バービー（→ P127）
- もも上げ（→ P128）
- サイドステップ（→ P129）
- スクワットジャンプ（→ P130）
- ステッピング（→ P131）
- 腰入れ（→ P132）
- V 字腹筋（→ P134）

▲ ステップやジャンプなど、さまざまな動きを取り入れて身体能力をトータルで向上させる

Menu 041 バービー

やり方

1 立った状態からスタート。前屈してその場に両手をつき、両足を後ろに出して腰を落とす。腰をしっかりと落としたら、すぐに立ち上がる。これを繰り返す

ポイント

腰はしっかりと落とすようにしよう

キツくなっても、腰の落とし方が浅くならないように。しっかりと下まで落として、真っ直ぐ立ち上がることが大切。

Menu 042 もも上げ

やり方

1 立った状態から、左右のももを大きく上げる。その場で走るように素早く足を入れ替える。これを繰り返す

ももの高さが低い

◀ももは水平よりも高く上げること。キツくなっても高さは変えないように

Menu 043 サイドステップ

やり方

1 自然体で立った状態でスタート。横に２歩分移動、素早く切り返し、反対方向に移動する。これを繰り返す

ポイント

切り返しのスピードが重要

切り返しのときは、ひと呼吸置くことなく、すぐに反対側に移動すること。スッと逆方向に移動しよう

Menu 044 スクワットジャンプ

やり方

1 深くしゃがみ、腕を振り上げて垂直方向にジャンプ。同時に90度方向に身体を回転させて着地する。着地したらすぐにジャンプし、180度回転。これを繰り返す

Menu 045 ステッピング

やり方

1 自然体で立ち、腰を少し落として小刻みにステップを踏む。ヒザを高く上げすぎないように

ここに注意!

ステップが大きくなりすぎない

このメニューはアジリティを鍛えるトレーニングだ。カカトを上げて、細かく、小刻みにステップを踏もう。

腰を曲げすぎない

前かがみになりすぎるのは良くない。腰は曲げるのではなく、落とすイメージでやってみよう。

Menu 046 腰入れ

やり方

1 腕立て伏せの体勢を取り、前を見て腰を落とす
2 両手を畳につけたまま、左右のヒザを前に出す。踏み込んだとき足を横に出してグッと腰を入れる

Menu 047 V字腹筋

やり方

1 仰向けに寝た状態から上体と両足を同時に上げる
2 上体と両足を同時に戻す。これを繰り返す

猫背になり
ヒザが曲がっている

Menu 048 うさぎ跳び

ここからは柔道をやる上で必要となる基礎的な体力、パワーを養うトレーニング種目を紹介する。器具などを使用するトレーニングでも効果は高いが、昔ながらの自分やパートナーの体重を使ったトレーニング方法で、足腰を中心に身体全体を強化するとともに、実戦の場で生かせる精神力も鍛えていく。

やり方

1. ヒザを曲げてしゃがみ、手を後ろに組む
2. その状態で跳ね上がりながら前進する

ワンポイントアドバイス

≫ 選手を良く観察し、それぞれに応じた負荷をかける

ここからの基礎体力トレーニングは、具体的に回数などは設定していない。全員が同じ回数をこなすのではなく、選手の学年や階級、レベルに応じて強度を設定しよう。そのためには、常日頃から選手を良く観察することが大切。

ポイント①

足腰をしっかりと意識して鍛える

両足で踏切り、なるべく遠くに、両足で着地することを心掛ける。柔道において必要な足腰の強さを養う基本的なトレーニングだ。また、前に進むという動作は、足だけではなく、上半身も使っているはずだ。こういったトレーニングにおいては、ただ形をこなすのではなく、どこの筋肉に負荷がかかり、どこに体重が乗っているべきなのかを意識しながら行うことで、効果的なトレーニングとなる。

ポイント②

正しい動作で行おう

うさぎ跳びは、ヒザや腰を痛めるものとして禁止ししているところもあるが、「正しい姿勢」で「正しいやり方」でやれば効果的なトレーニングだ。一つひとつの動作、関節の角度や筋肉の使い方を意識して、適切な方法でトレーニングを行おう。

Menu 049 アヒル歩き

やり方

1 うさぎ跳びのスタート時の体勢をとる
2 そのままヒザを立て、バランスを保ちながら前進する

ポイント

股関節の柔軟性も大切

足腰を鍛えるメニューではあるが、ヒザや足首、股関節の柔軟性を高めることにつながる。

Menu 050 クモ歩き

やり方

1 両手、両足を後ろにつき、お尻を上げる
2 お尻を上げたまま手足を使って前に進む

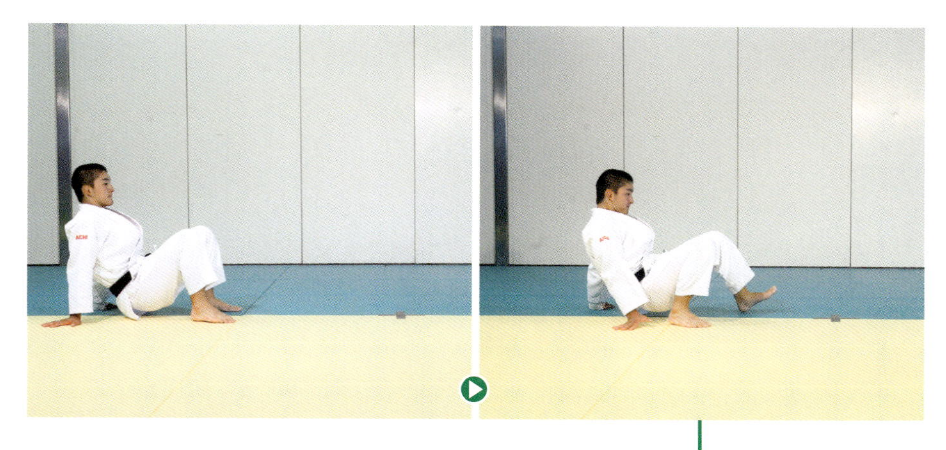

ポイント

体幹部の連動性を高める

肩関節と股関節は体幹でつながっている。その連動性を高めるのに有効なトレーニングだ。

Menu 051 手押し車

やり方

1 ２人１組で行う。腕立て伏せの体勢を取り、パートナーはその足首を持つ
2 腰を落とさず、背筋を伸ばしたまま両腕を使って前に進む

ポイント

パートナーは少しだけ押してあげる

基本的には腕立て伏せの体勢をとっているほうが腕の力で進むことで上半身を鍛えるトレーニングだが、正しく力が入るためにはパートナーが心持ち前に押してあげるとやりやすくなる。押し過ぎるのはNGなので、力を調節しよう。

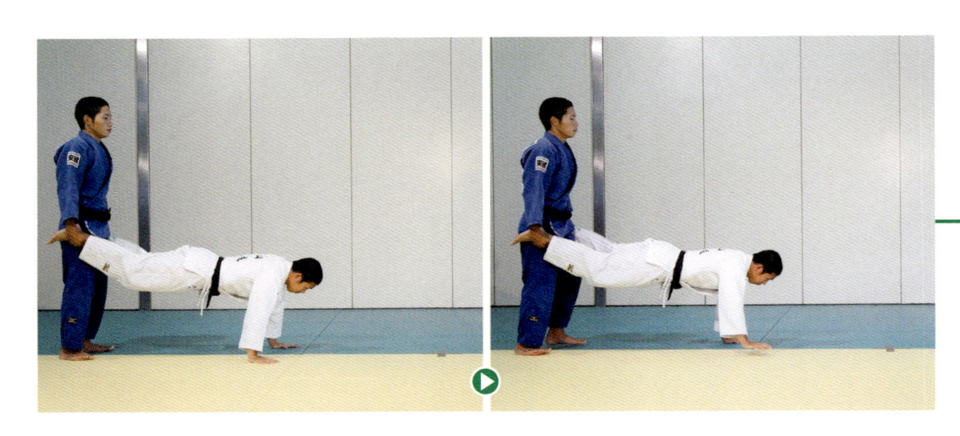

ワンポイントアドバイス ≫ 足首をしっかり持つ

足を持つほうは、ヒザや太ももではなく、足首を持つこと。そうすることで負荷がしっかりとかかり、適切なトレーニングをすることができる。また、パートナーにとっては握る力を鍛えるトレーニングとなる。汗をかいてくると滑りやすくなるので、そこでしっかりと踏ん張るようにしよう。

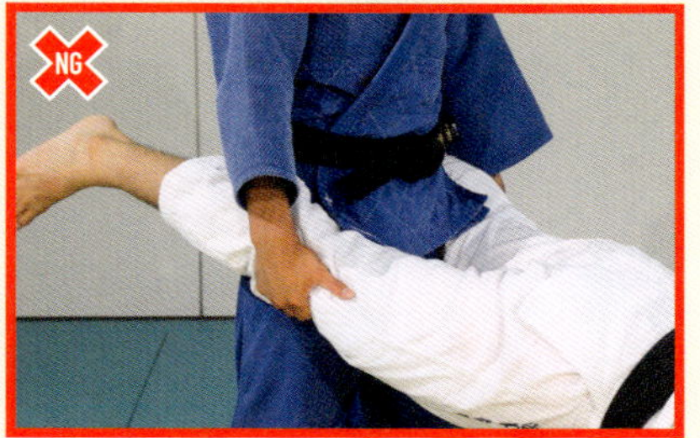

Menu 052 手押しジャンプ

やり方

1 手押し車の状態で、両腕を使って、拍手腕立て伏せの要領でジャンプしながら前に進んでいく

ポイント

腕だけでなく体幹も鍛える

腕立て伏せの要領なので上腕部分に意識が向きがちだが、ジャンプする動作も加わることで体幹の強化にもつながり、上半身全体を鍛えることができる。

必ず深く沈み込む 腕を折り曲げずにパッパッパと勢いで進むのはNG。毎回しっかりと沈み込んでジャンプするようにする。

Menu 053 2人組シーソー

やり方

1 ２人１組で行う。パートナーがジャンプして飛び乗る
2 パートナーを抱えたまま、腰を後ろに引くようにして屈み、元の体勢に戻る。これを繰り返す

ワンポイントアドバイス

≫ 大きい相手に奥襟を取られたときのイメージ

パワートレーニングという意味合いに加え、実戦のなかで自分より大きい相手に奥襟を取られたときの対応をイメージして行うと良い。首と背筋にグッと力を入れて、相手から逃れる力を鍛えることができる。

ポイント①

背筋と体幹を鍛える

相手を持ち上げる際に背筋力を使う。ただし、勢いをつけて腕の力を使って上げ下げをするのではなく、確実に背筋に力がこもっているのを確認しながら行うこと。また、腰の負傷には注意。もし違和感があるようならすぐに中止する。

ポイント②

パートナーの体重によって負荷が変わる

当然だが、相手の体重が重ければ重いほど負荷は強くなる。重りなどの器具による負荷の調整が必要なく、階級の違う複数人の選手がいれば、パートナーを変えるだけで負荷を調整できるのもこういったトレーニングの利点だ。

Menu 054 おんぶ歩き

やり方

1 パートナーをおんぶした状態で前に歩く

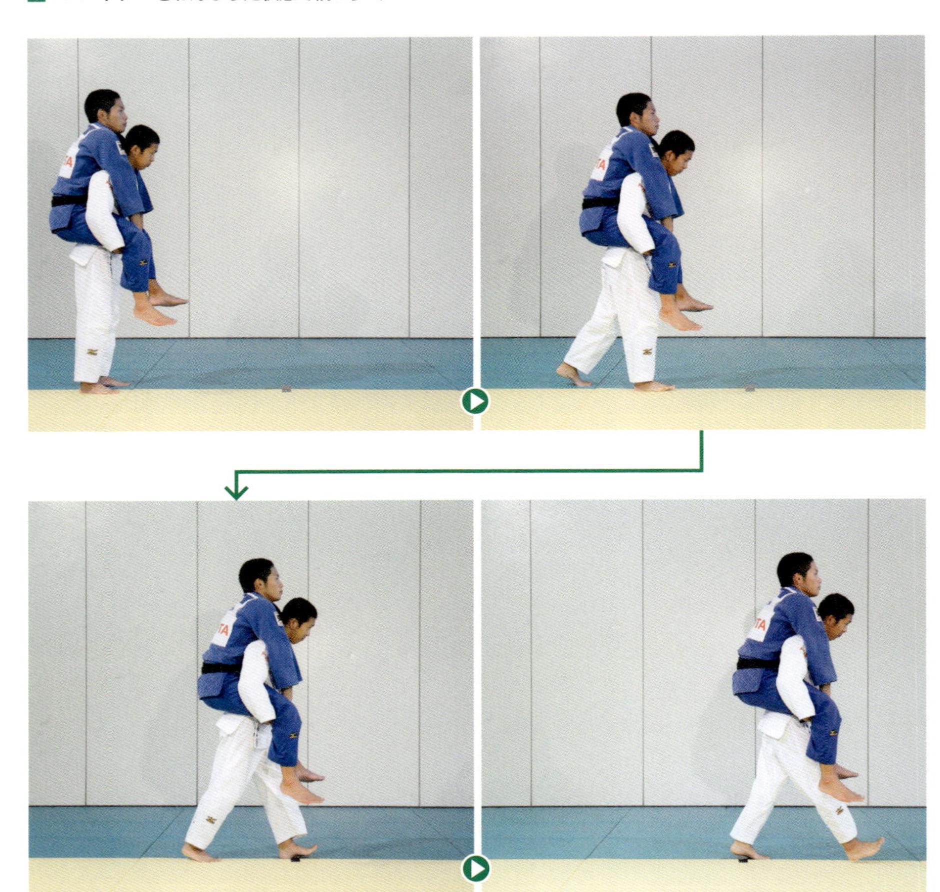

ポイント

バランス感覚も鍛える

人間の重さは必ずしも左右均等ではない。
足腰の鍛錬だけでなく、人間を抱えて歩くことで全身のバランス感覚も鍛えられる。

Menu 055 だっこ歩き

やり方

1 パートナーをだっこした状態で前に歩く

ポイント

おんぶとは異なる筋力を鍛える

いわゆる“お姫様だっこ”で相手を担ぐ。おんぶは後方への負荷になるが、これは前方にかかる負荷に耐えながら進むため、おんぶ歩きとは異なる鍛え方ができる。

Menu 056 ケンケン

やり方

1 片足で立ち、“ケンケン”でジャンプしながら前に進む

? なぜ必要?

瞬発力を鍛える

指定回数、指定範囲を行ったら、必ずもう片方の足でも行う。片足で跳びながら進むことで下半身の瞬発力、バランス感覚を養うことができる。

Menu 057 足持ちクモ(前)

やり方

1 2人1組で行う。クモの体勢をとり、パートナーに両足を持ってもらう
1 その状態のまま、腕を使って前に進む

Menu 058 足持ちクモ（後）

やり方

1 2人1組で行う。クモの体勢をとり、パートナーに両足を持ってもらう
2 その状態のまま、腕を使って後ろに進む

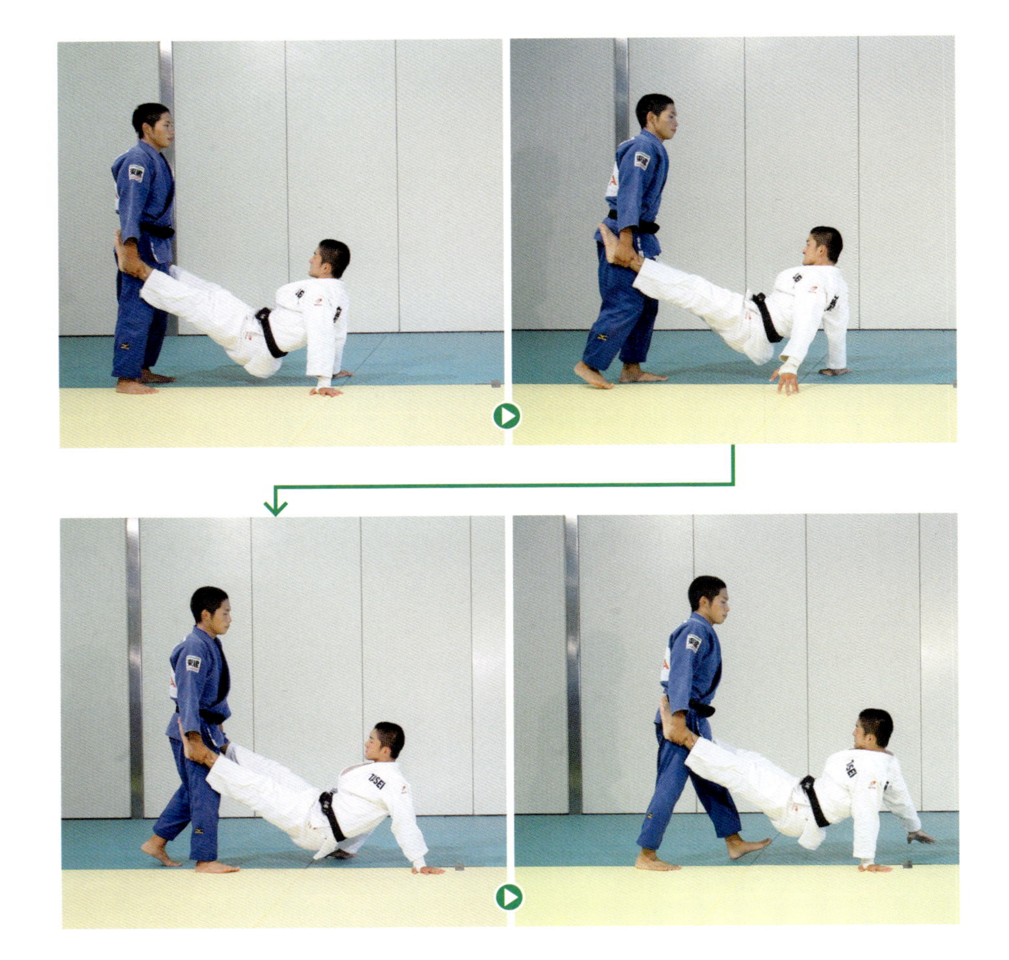

ここに注意!

お尻を落とさない

このトレーニングでは、練習者の腕の力で身体を支えて進んでいくことはとても重要であるが、それ以上に大切なのは腹筋にも力を入れて、お尻を落とさないようにすること。姿勢を保ちながらやってみよう。動作中はお腹に力が入った状態が維持されるため、体幹のトレーニングにもなる。

ワンポイントアドバイス

» スピードを合わせる

パートナーと練習者は進むスピードを合わせながら行うこと。そうすることで効果的に、無駄なくトレーニングを行うことができる。声を掛け合いながらやってみよう。

» パートナーの練習にもなる

パートナーは練習者の足首をしっかりと持つこと。実際の試合では手に汗をかき、滑りやすい状態で相手の道衣をつかむことになる。そういったこともパートナーは想定しながら、練習を行うとより効果的だ。

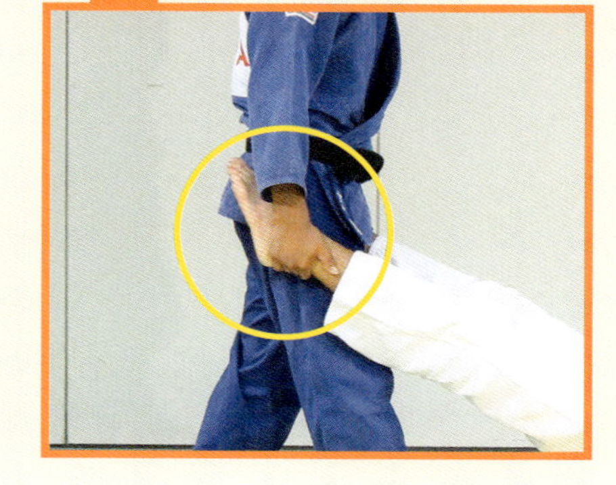

Menu 059 腕立て伏せ

やり方

1 肩幅よりやや広い手幅で腕立て伏せを行う

なぜ必要？

胸など上半身の前面、腕の筋肉を強化する

準備運動の倒立ができない人は、まずは腕立て伏せをやり込むことから始めること。腕立て伏せを繰り返すことで、胸など上半身の前面、腕の筋肉など基礎的な筋力がつき、倒立で自分の身体を支えられるようになる。

手幅を変えてバリエーションをつけよう

腕立て伏せは手幅を変えることで負荷がかかる筋肉が変わってくる。自分が鍛えたいと思うところを意識しながら、バランスよく鍛えていこう。

▲両手は「ハ」の字で。脇を開いてしっかりとヒジを曲げる

▲手幅を広めにすると、胸や腕よりも肩への刺激が大きくなる

▲肩幅ほどに手幅を狭くすると、腕への刺激が大きくなる。ワキを閉じてヒジを曲げる

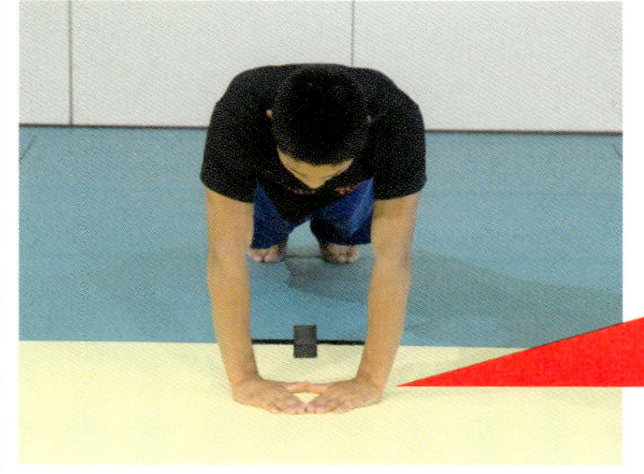

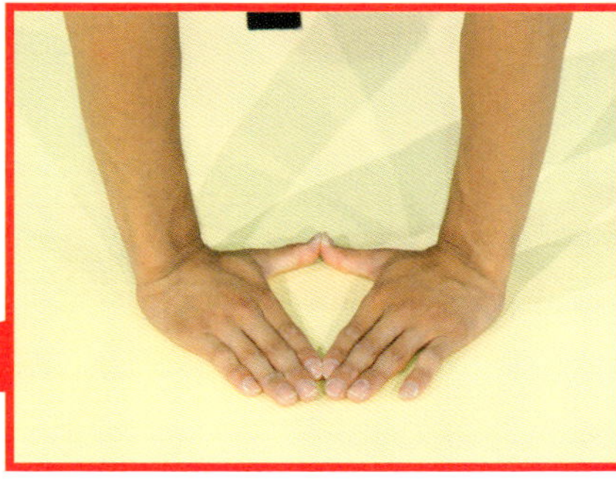

▲より腕への刺激が強くなる。指で三角形をつくり、動作中も形を崩さないように

Menu 060 すり上げ

やり方

1. 両足を左右に大きく広げ、両手を前につく
2. ワキを閉じたまま前方に滑り込むようにヒジを曲げ、身体を反らすようにして伸び上げる
3. 伸び上がったら、ふたたびヒジを曲げて、自分の身体を押すようにして後方にお尻を突き出し、元の体勢に戻る

ポイント

自分の体重を有効に使えば十分なトレーニングは行える

ここまで、大成高校が日々実施しているパワートレーニングを紹介してきたが、最新のトレーニングを行っているというよりは、昔からある、自らの体重を使ったトレーニングを重点的に行っている。正しいやり方・正しい強度で行えば、柔道に必要な強くなるための体力を鍛えることができるからだ。トレーニングの器具などが備わっていないという学校はぜひ参考にしてほしい。

ワンポイントアドバイス

» ワキを閉じて、上体はできるだけ低く

前に倒すときはワキを閉じたままの状態を維持すること。なぜなら、この動きは寝技の動きも意識しており、ワキを開くのは相手に隙を与えることになるからだ。また、上体もできるだけ低く。元の体勢に戻るまでの１往復を１回と数える。

Menu 061 ランニング

大成高校では、道場での柔道の稽古やパワートレーニングのみならず、校庭を使ってラニングなどの走り込むトレーニングも欠かさず行い、基礎体力を高めている。基本的には朝練習で行っている。

▲ランニングは基本的に全員で行うが、最後に走り抜くかは自分との勝負。手を抜こうと思えば手を抜ける、やろうと思えばいくらでもできる。だからこそキツいトレーニングだが、そのぶん「自分に勝つか負けるか」のメンタルを鍛えることができる

? なぜ必要？

体力、そして精神力を鍛える

柔道で試合に勝つために必要なのは、パワーや技術やもちろん、苦しくなったときでも負けずに気持ちを高めて戦い抜く体力、そして精神力だ。毎日しっかりと走り込むことで足腰の強さや体力はもちろん、日頃から苦しい状況に身を置くトレーニングを行うことで精神的な強さを身につける。

朝トレーニング（平日） 約30分

■ランニング
7周×２セット
（1周：約300m）

■ダッシュ
１周×３セット
２周×１セット
※重量級は1.5周

朝トレーニング（土曜日） 約60分

■ランニング
7周×２セット
（1周：約300m）

■ダッシュ
１周×４セット
２周×２セット
※重量級は1.5周

■おんぶダッシュ

■だっこダッシュ

■ケンケン

■両足跳び
軽量・中量級：各100m
重量級：各50m
※月によってメニュー変動あり

Extra

雨天の場合は道場内で

■ランニング8分×2セット（全員共通）

■ダッシュ
軽量・中量級：
8周→7→6→5→4→3→2→1
重量級：
5周→5→5→5→4→3→2→1
※軽、中、重の順に各セットを行う

column 5 走り込みの重要性

試合や練習などで体力的に追い込まれた状況でも、上半身は意外と動かせるものです。疲れて腕も動かせない、ということはあまりないかと思います。

ですが、キツいときは、そこに下半身の動きがついてこなくなります。足が動かないと、大外刈りも内股も入れられません。それどころか、棒立ちのままでは、いつか投げられてしまいます。

そういった局面で生きてくるのが、普段行なっている走り込みです。それは柔道に直結する動作ではありませんが、日ごろから走って脚力を養っておくことは、試合を戦い抜く上でとても重要な意味を持っています。

走り込みには、確かにスタミナをつけるなどの目的もあります。しかし私の経験上、試合でキツい場面に遭遇しても足を前に出せていたのは、よく走り込みを行っていた時期でした。大成高校柔道部の練習でも、走り込みは大きなウエートを占めています。

また、「走る」というのは孤独な作業でもあります。チームメイトみんなで走ったとしても、結局は１人です。楽をしようと思えば、いくらでも楽をできます。楽をするか、それとも実戦を想定し、目的意識を持ってしっかりと走るか。その選択はすべて自分に委ねられます。

どちらを選ぶかは個人の自由ですが、強くなる人、そうでない人の差は、そういったところから生まれてくるのです。

終章

練習メニューの組み立て方

本章では、柔道部の１年間のスケジュールをベースに、
時期ごとの強化ポイントの考え方、
練習メニューの組み立て方を紹介する。

1 年間スケジュールの把握

まずは学校生活のスケジュールを元に、年間のスケジュールをしっかりと把握し、そのなかでどの時期に試合（大会）が組まれ、どこを目標にして、何を意識しながら練習メニューを組んでいくのかを考えていこう。

高校の柔道部では夏と冬に大きな大会があり、その間もその大会の県、地区予選なども多く、毎週末に試合を行う時期もある。また、個人、団体ともに部内の争いも激しい。そのため、その期間は個々のモチベーションを高め、さらにそれを維持させることが大切だ。

それぞれの大会後、つまり秋と春は強化時期となる。基礎練習を徹底的に行い、また走り込みや筋力トレーニングなどで基礎体力を高める。試合で戦い抜くための強化を着実に行おう。そこで身につけた技術、体力を元にして、大成高校では特徴的な「抜き勝負」（P120参照）などで実戦感覚を身につけていく。

高校生であるため、テスト期間などは自主トレ期間とし、夏休みもしっかりととる。学校行事の日程とも調整しながらメリハリをつけることも閑雅ながらスケジュールを組んでいこう。

新体制のスタート　4月

新入生には学校生活、私生活ともに環境に慣れることを意識させる。柔道面では基本練習の習得に重きを置き、練習環境に慣れさせることを心掛ける。2，3年生は実戦練習を取り組む。

試合期　5～8月

全国高校総体（インターハイ）の県予選が始まる時期であるため、個々の調整やモチベーションの維持、そして一体感を高めてチームを仕上げる。

強化期　9～11月

新キャプテンのもと、新メンバーで強化に臨む。試合に向けた選手候補を決める期間でもあるため、選手個々の自己アピールの期間でもある。

試合期、強化・遠征期　1～3月

寒稽古で気持ちも新たに全国大会に挑む準備を行う。抜き勝負など、実戦を意識した練習を多く行い、試合感覚を十分に養うことが大切。

柔道部の年間スケジュール

月	時期	主要大会	ポイント
4	新体制のスタート	インターハイ個人 校内予選	環境に慣れる
5	試合期	インターハイ県予選	大会に向けた調整 モチベーション維持
6		東海総体 全日本ジュニア県予選	
7		金鷲旗大会 インターハイ	
8		国体東海地区予選	
9	強化時期	全日本ジュニア大会	体力強化 基本動作強化
10		国民体育大会	自己アピール
11		講道館杯	
12	力試し	各地方大会	実戦練習 試合感覚を養う
1	試合期	新人戦	
2	強化時期 遠征時期	全日本選手権県予選	
3		全国高等学校柔道選手権大会	

2 平日の練習

平日の練習は朝７時30分のランニングからスタートする。グラウンドの１周は約３００メートル。７周２セットのウォームアップを終えたあとは、グラウンドの四つ角にコーンを置いて、その間をダッシュ。こういった走り込みは重要視しており、雨天の日も中止することなく柔道場など屋内で実施している。

午後は掃除から始まり、体操、寝技、打ち込み、乱取り、パワートレーニングと進めていく。

試合の多い時期は生徒たちも疲れ気味。そういった時期は練習に対するモチベーションの維持が大きな課題となる。

大成高校柔道部では、毎週月曜日の午後を自主トレと診察の日に充てている。月曜日は生徒たちの集中力がもっとも落ちている日。集中力が落ちれば、練習中にケガを負う危険性が増してしまう。

また、日曜日の練習を休みにしても、病院自体が空いておらず、診察を受けるのが困難。するとケガをしてもなかなか病院に行けないという状況がつづくことになる。

● 平日の練習メニュー例

〈朝〉

7
7:30
走り込み
●朝トレーニング ※メニューはP155参照

〈放課後〉

15	16				17
15:40	16:00	16:40	16:50	17:10	
掃除	体操	休憩	寝技	休憩	
	●回転運動 ●受身 ●足払い		●返しの反復(5分) ●返しの反復 (受けが約8割の力を入れる) ●乱取り(2分×8セット)		

以前、柔道部で問題になったのは、虫歯になっている生徒が多いこと。生徒たちになぜ歯医者さんに行かないのか聞いてみたところ「練習があるから行けない」という。みんなより遅れを取りたくないという気持ちから、「歯医者に行きます」といって練習を休むことに抵抗感があるのだろう。

力を使うスポーツでは歯も大切。踏ん張って力を発揮するときには必ず噛み締めるからだ。

以来、月曜日は朝トレだけを実施して、午後は授業が終わったら道場に集合して自主トレ、また病院に行きたい生徒はそこで行かせるようにした。事実、虫歯になっている生徒も数はかなり減ったように思える。

さらに、疲れが溜まっている生徒にとっては休養を取れる貴重なタイミングにもなる。1週間の練習日を1日減らしたからといって、大会における成績が下がったということはない。適切な頻度で休息日を設けることには、メリットはあってもデメリットはないだろう。

	18		19			20
17:15	18:05	18:15	19:00	19:20	19:30	
打ち込み	休 憩	実戦練習	パワートレーニング	体 操	終 了	
●引き出し (20回×10セット) ●引き出し持ち上げ (10回×10セット) ※最後の10本目を持ち上げる ●3人引き出し (1往復×2セット) ●3人引き出し持ち上げ ●打ち込み50本 ●持ち上げ (3本に1回持ち上げる) ●移動打ち込み -打ち込み -引き出し -連絡技 -横移動 -回り込み ●3人打ち込み		●乱取り (5分×10本)	●腕立て伏せ -手の幅[大] -手の幅[中] -手の幅[小] ●すり上げ			

3 土曜日の練習(パターン①)

土曜日の練習には「パターン１」「パターン２」の二つのプログラムがある。時期にもよるが、土曜日、日曜日の練習には他校の生徒たちが出稽古に訪れることも少なくない。そういった日は、パターン１のプログラムを実施している。

午前の練習は体操から始まり、基礎トレーニングは走り込みが中心。パートナーをおんぶしてのダッシュ、だっこしてのダッシュ、ケンケンなど強度の高いトレーニングも入ってくる。その後は休憩を挟み、寝技の基本的な稽古。ここでは一本勝負の取稽古も行う。

午後は回転運動、受身、足払いなどの準備体操、打ち込み、実戦練習の乱取りと続き、最後は腕立て伏せなどのパワートレーニング。

打ち込みは20回10セットの引き出し、10回10セットの引き出し持ち上げ、1往復2セットの3人引き出しなど、時間をかけて行う。

乱取りは５分を10本。パワートレーニングは手幅を変えた腕立て伏せを３種類、そしてすり上げ。朝の９時から始ま

● 土曜日の練習メニュー例(パターン①)

〈午前〉

9	9	10	11	12
9:00	9:15	10:30	11:00	12:00
体 操	トレーニング（走り込み中心）	休 憩	寝 技	休 憩
	●ランニング 7周×2セット (1周:約300m) ●ダッシュ 1周×4セット 2周×2セット ※重量級は1.5周 ●おんぶダッシュ ●だっこダッシュ ●ケンケン ●両足跳び 軽量・中量級:各100m 重量級:各50m		●基本練習 (ワキ締め、エビなど) ●返しの反復 ●乱取り ●取稽古(一本勝負) ※本立ち(5本取り)等	

った練習が終了するのは、だいたい夕方の6時頃になる。

同じようなメニューをこなしていても、他校の生徒たちがやってくると、やはり気合が入るもの。「負けたくない」という気持ちのスイッチが自然に押されるものである。

実際に手を合わせなくても、他校のライバルが同じ空間にいるだけで刺激になる。迎えるほうにとっても出向くほうにとっても、出稽古はすぐれたマンネリ防止策にもなる。

〈午後〉

14	15	16		17		18
14:30	15:00	16:15	16:20	17:10	17:30	18:00
体 操	打ち込み	休 憩	実戦練習	パワートレーニング	体 操	終 了
●回転運動 ●受身 ●足払い	●引き出し (20回×10セット) ●引き出し持ち上げ (10回×10セット) ※最後の10本目を持ち上げる ●3人引き出し (1往復×2セット) ●3人引き出し持ち上げ ●打ち込み50本 ●持ち上げ (3本に1回持ち上げる) ●移動打ち込み -打ち込み -引き出し -連絡技 -横移動 -回り込み ●3人打ち込み		●乱取り (5分×10本)	●腕立て伏せ -手の幅[大] -手の幅[中] -手の幅[小] ●すり上げ		

4 土曜日の練習(パターン②〈通し稽古〉)

土曜日のパターン2のプログラムは、昼食の休憩を挟まない「通し稽古」となる。朝9時から午後2時半まで、トレーニングと柔道の練習を、昼食を食べずに一気に行う。

ここでもトレーニングは走り込みが中心。寝技、打ち込み、実戦練習、パワートレーニングと、プログラム自体はパターン1と変化はない。

しかし、パターン1では30分だった走り込みの後の休憩を15分、打ち込みの後の休憩はカットと、インターバルを短縮。寝技の稽古の後は10分の休憩を挟んだのちに、すぐに練習を再開していく。

練習を「午前」「午後」と明確に分けると、生徒たちの集中力がどうしても切れてしまう傾向にある。午前の練習でキツい思いをしても、「あともう少しで休憩時間がくる」と思ってしまうからだ。

トレーニングと柔道の練習を一気にやるには、かなりの集中力が必要になってくる。大成高校柔道部では体力、集中力を養うことを目的とし、こういった休憩を取らないプログラムを実践している。

● 土曜日の練習メニュー例（パターン②〈通し稽古〉）

9		10		11
9:00	9:15	10:15	10:30	11:30
体 操	トレーニング（走り込み中心）	休 憩	寝 技	休 憩
	●ランニング 7周×2セット （1周：約300m） ●ダッシュ 1周×4セット 2周×2セット ※重量級は1.5周 ●おんぶダッシュ ●だっこダッシュ ●ケンケン ●両足跳び 軽量・中量級：各100m 重量級：各50m		●基本練習 （ワキ締め、エビなど） ●返しの反復 ●乱取り	

12	13	14		15
11:40	13:00	14:00	14:30	15:00
打ち込み	実戦練習	パワートレーニング	体 操	終 了
●引き出し （20回×10セット） ●引き出し持ち上げ （10回×10セット） ※最後の10本目を持ち上げる ●3人引き出し （1往復×2セット） ●3人引き出し持ち上げ ●打ち込み50本 ●持ち上げ （3本に1回持ち上げる） ●移動打ち込み -打ち込み -引き出し -連絡技 -横移動 -回り込み ●3人打ち込み	●乱取り （5分×10本）	●腕立て伏せ -手の幅[大] -手の幅[中] -手の幅[小] ●すり上げ		

5 日曜日･祝日の練習

日曜日、祝日の練習では、準備運動の後に打ち込み、そして練習試合に入っていく。実戦練習は立ち技を中心に行う。午後は体操から始まって寝技の稽古へ。ここでは返しの反復と乱取りを行っていく。

打ち込みを行ったあとは、立ち技の実戦練習。そして最後はパワートレーニング。時期によっては、土曜日のパターン2のように、通し稽古で実施する場合もある。

先述した通り、土曜日、日曜日は他校の柔道部の生徒たちとも一緒に練習する機会もしばしば。出稽古には、他校がこちらに出向いてくれることもあれば、こちらから他校に出向くことも。試合が近い時期にはレギュラーの選手を大学の柔道部に連れていく場合もある。

通常の練習だけでは体験できない刺激が出稽古にはある。それは土日という時間をより有効に生かすための一つの手段とも言える。出稽古に来てもらうだけでなく、刺激を得るにはこちらから出向いていくことも大切だ。

● 日曜日・祝日の練習メニュー例

〈午前〉

9		10	11	12
9:00	9:30	10:00	10:30	12:00
体 操	打ち込み	練習試合	実戦練習	休 憩
●回転運動 ●受身 ●足払い	●引き出し （20回×10セット） ●引き出し持ち上げ （10回×10セット） ※最後の10本目を持ち上げる ●3人引き出し （1往復×2セット） ●3人引き出し持ち上げ ●打ち込み50本 ●持ち上げ （3本に1回持ち上げる） ●移動打ち込み -打ち込み -引き出し -連絡技 -横移動 -回り込み ●3人打ち込み		●立ち技	

〈午後〉

14
14:00
体 操
●回転運動 ●受身 ●足払い

	15			17		18
14:30	15:00	15:10	15:30	17:10	17:30	18:00
寝 技	休 憩	打ち込み	実戦練習	パワートレーニング	体 操	終 了
●返しの反復 (5分) ●返しの反復 (受けが約8割の力を入れる) ●乱取り (2分×8セット)		●引き出し (20回×10セット) ●引き出し持ち上げ (10回×10セット) ※最後の10本目を持ち上げる ●3人引き出し (1往復×2セット) ●3人引き出し持ち上げ ●打ち込み50本 ●持ち上げ (3本に1回持ち上げる) ●移動打ち込み -打ち込み -引き出し -連絡技 -横移動 -回り込み ●3人打ち込み	●立ち技	●腕立て伏せ -手の幅[大] -手の幅[中] -手の幅[小] ●すり上げ		

大成高校柔道部の強さの秘密はどこにあるのか。
その秘密は徹底した基礎練習と「心技体」の鍛錬。
しかし、頭の中ではなんとなく理解できていても、
その具体的な実践方法や練習の意味を把握できていない人も
多いのではないでしょうか。
練習の疑問点から指導方法に関する質問に答えていく。

Q 「心技体」でもっとも重要なものはなんでしょうか。

A まずは「心」。心がなければ人間としても成長できません

スポーツをする上で昔からよく言われる「心技体」という言葉。このなかで一番大切なものとは何か。これは非常に難しい質問ですが、強いて答えるなら「心」になるでしょう。すぐれた技術や体力を持っていても、そこに心が伴っていなければ、人間として成長できないからです。

「強くなりたい」と思う心、そして支えてくれる人たちへの感謝の心。そういったものを持っていなければ、真の意味での強さは身につかないと思います。かといって、「技」と「体」の優先順位が「心」より下になるのかといえば、そうではありません。

「強くなりたい」と思うから、人は技術を磨きます。その技術を使いこなすには「体」が必要です。「心技体」はどれも重要で、一つも欠けてはいけません。この3つがきれいな正三角形を描いた関係にあるのが理想です。

気持ちが弱い生徒の育て方は？

柔道部のなかで「強い」「弱い」で差別をしないことです。あくまで平等に接します

これも難しい質問ですが、一つの策としては「柔道部のなかで差別をしない」ということが挙げられます。柔道は実力の世界ですから、試合に出られる、出られないといった区別が生じてしまうのは仕方がないことです。ですが、部活動のなかで「柔道が弱いから」という理由で差別をするのはよくありません。強い生徒を優遇するようなことはせず、あくまで全員と平等に接することです。

練習中はどうしても強い生徒に目がいきがちです。ですが、強くはない生徒たちにも、しっかりと声をかけていくことも大切です。また、各々の個性を見極めて判断していく必要もあります。性格によっては、声をかけたほうがいい子、なかには反対に声をかけなくても大丈夫な子もいます。家庭環境が複雑で柔道が続けることが困難になってきた子には陰でフォローをしてあげることも重要です。

寝技の乱取りを生徒同士が向きあった状態から始めるのはなぜなのでしょう。

気持ちが弱い生徒は回る前から守りに入りがち。相手に負けない強い気持ちと洞察力を養うためです

寝技の乱取りの練習は、背中合わせの状態から始まるのが一般的かと思います。ですが、大成高校柔道部の乱取りは、相手と向き合った状態から始めています。これには大きな理由があります。

背中を合わせや状態から始めた場合、気持ちが強い生徒は、すぐに相手に向かっていきます。反対に、気持ちが弱い生徒、反応が遅い生徒は、回る前から守りの体勢になり、下になってしまいがちです。これでは練習になりません。

背中合わせの状態では相手が見えないため、気持ちが弱い生徒はどうしても守りに入ってしまいます。ですが、向き合った状態では相手の姿が見えています。自分の気持ちしだいで、どのようにでも対応できるはずです。

相手が見えていれば、強い気持ちさえあれば向かっていけます。向かっていける強い気持ち、そして相手の動きを読む洞察力を養うために、向き合った状態から始めています。

得意技はいくつくらい持てばいいのでしょう？

多彩であればあるだけ有利ですが、実際は多い人で立ち技で二つから三つ、寝技で一つといったところでしょう

追い詰められた状況でも本能的に繰り出せる技が、本当の意味での得意技と言えます。得意技は、多ければ多いほど試合を有利に進めることができますが、そこまでたくさんの技が"得意技"の域にまで昇華できるとは思えません。実際のところ、技が多彩な選手でも、持っている得意技の数は立ち技で二つから三つ、寝技で一つといったところでしょう。

もちろん、その得意技を有効に使って攻撃のバリエーションを広げていくことは可能です。得意技を繰り出して勝負を決めにいこうとしたところで、相手が予期せぬ動きを見せたので違う技で投げた。こういったことは実戦の場ではよく起こることです。

また、選手は強くなればなるほど、他の選手から得意技を研究されるものです。研究された選手は、さらに技を磨いて、その上をいかなければいけません。そうすることで選手たちは切磋琢磨し、成長できるのです。

独自のトレーニングで「ランダッシュ」というものがあると聞きました。どんなトレーニング方法なのでしょうか。

ランニングとダッシュを交互に行う、強度の高いトレーニングです

柔道場で行う場合は、四つの角にコーンを置いて、そこの間を走ります。まずは「始め」の合図で普通のランニングを始めます。そして指導者が「パン！」と手を叩くとダッシュを開始。15秒から20秒にまた手を叩き、それを合図にランニングに戻ります。その30秒から40秒後に手を叩き、再びダッシュ…と15〜20秒のダッシュと30〜40秒のランを繰り返していくのです。これを5分間続けます。有酸素運動と無酸素運動を組み合わせたトレーニングで体力と心肺機能を強化していくのがねらいです。

掲載された練習メニューのなかには、技術練習が少ないように思えますが、行っていないのでしょうか？

A やっていますが、まずはとにかく“ 基本 ”を大切に、安定した土台をつくること

試合で勝つためには相手を研究したり、技術練習を行ったりすることも必要になってきますので、全くやっていないわけではありません。寝技にしても立ち技にしても、具体的な技の紹介は少ないので、もしかしたら物足りないと感じる方もいるかもしれません。

ただ、「はじめに」でもお伝えしたように、基本がしっかりとできていればそこから枝葉を増やしていくことはできます。私の指導している生徒たちは高校生、これから先の活躍が期待される選手たちです。もっと技術を磨くことも、体力をつけることも、大学生や社会人になってからまだまだできます。

だからこそ、口を酸っぱくして厳しいことを言えるこの時期に基本を徹底的に叩き込み、将来もっと強くするための練習メニューであると捉えていただければと思います。

CONCLUSION

おわりに

いち人間として立派な柔道家になるために
厳しい練習は社会に出てからも必ず役立つ

かつてと違い、企業が求める人材は学力の高い人からスポーツ経験者に移り変わってきました。実際に、仕事ができるビジネスマンや大手企業のエグゼクティブにはスポーツ経験者が多いと聞きます。事実として、多くの企業が体育会系の学生を求めるようになってきました。

スポーツ経験者は部活動のなかであいさつや言葉遣い、気遣いなどを学んでいます。社会では必要不可欠な一般的な常識が、すでに身についているのです。

また、理屈でしかものを考えられない人よりも、スポーツ経験者はあいさつがしっかりとできることもあり、仕事上の信頼関係をうまく築くことができます。信頼できる人間とそうでない人間がいたら、仕事は信頼できる人間のほうに頼むものです。

「君たちは柔道を通して大切なことを学んでいる。ここで学んだことは社会に出たときに絶対に生きてくる」

私がよく生徒たちに言う言葉です。同学年の友だちが遊んでいる間、柔道部の生徒たちは練習に励んでいます。何かを

達成するためには、別の何かを犠牲にしなければいけません。柔道で犠牲にした時間は、社会に出たときに必ず生きてきます。

スポーツ経験者は、一つのことを達成しようとする過程において、“努力する”ことの意味を自然と理解していきます。スポーツでも仕事でも、成功は努力の上に成り立っています。高校生のときに一つのことに一生懸命に取り組んで極めようとした体験は、その後の人生においても大いに役立つはずです。

私が育てたいのは、ただ単に柔道が強い生徒ではなく、いち人間として立派な精神、技術、体力を持った柔道家です。「心技体」の三つがそろって、初めて柔道家と言えます。いくらすばらしい実績を持っていても、心が未熟なままでは柔道家とは言えません。

学校を卒業したあとは競争社会のなかで生きていくことになります。社会に出たら、その厳しさに圧倒され「ツラいな……」と感じることもあるでしょう。

ですが、柔道の練習に身を置いた経験が、そういった局面では大事な武器になってきます。大丈夫です。必ず乗り越えられます。みなさんにとって、この本が柔道家としての誇りを持った人間にとしてさらに成長していくためのヒントになれば幸いです。

大成高校柔道部監督
石田輝也

著者＆チーム紹介

著者
石田輝也　いしだ・てるや

1968年生まれ、愛知県出身。弦巻中学3年時に全国中学柔道大会個人戦78kg 級で優勝。世田谷学園高校、明治大学、新日本製鐵と進む。高校時代に、1学年上の古賀稔彦らとともに多くの実績を残す。現役引退後は大成高校柔道部監督に就任。2012年のロンドンオリンピック81kg 級で5位となった中井貴裕などを育て上げた。

現役時代の主な戦績は以下の通り。

- ●1984～86年金鷲旗　優勝（3連覇）
- ●1985／86年全国高校選手権　優勝
- ●1985年インターハイ個人戦軽重量級　優勝
- ●1985年国民体育大会少年男子の部　優勝
- ●1986年全国高校選手権／金鷲旗／インターハイ団体戦優勝
  ※高校柔道界史上初の団体3冠達成
- ●1985／87／88年全日本ジュニア体重別選手権　優勝
- ●1988年アジア選手権　優勝
- ●1990年正力杯　優勝
- ●1994／95年実業個人　優勝
- ●1997年全日本選手権　3位

左から、永山冬愛、近藤佑哉、古賀玄暉、末松賢

撮影協力

学校法人愛知真和学園大成高等学校柔道部

2015年のインターハイで女子団体は全国優勝、2015、2017年の全国高等学校選手権大会で男子団体は準優勝。また個人戦でも男子・女子ともに多くの階級で全国優勝を成し遂げるなどの実績を残している全国屈指の強豪校。卒業生には、中井貴裕（ロンドンオリンピック男子81kg級5位入賞）、近藤亜美（リオデジャネイロオリンピック女子48kg 級銅メダル）など。

※本書で使用している写真はすべて2016年度内に撮影したものであり、実演モデルを務めた選手はすべて当時の在籍者となります。

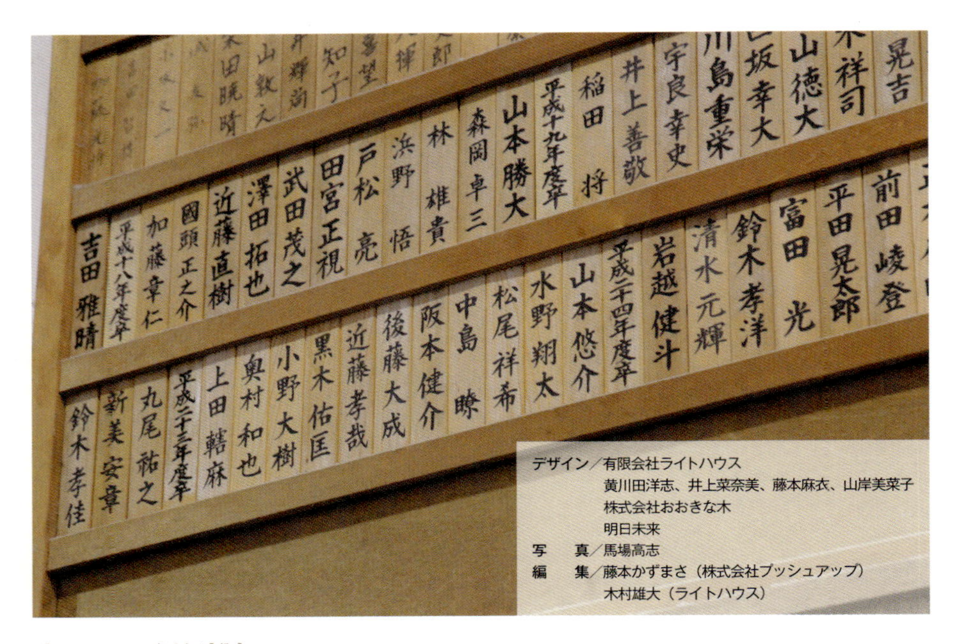

デザイン／有限会社ライトハウス
黄川田洋志、井上菜奈美、藤本麻衣、山岸美菜子
株式会社おおきな木
明日未来
写　真／馬場高志
編　集／藤本かずまさ（株式会社プッシュアップ）
木村雄大（ライトハウス）

身(み)になる練習法(れんしゅうほう)

柔道(じゅうどう)　基礎(きそ)から心技体(しんぎたい)を鍛(きた)える稽古(けいこ)

2017年5月31日　第1版第1刷発行

著　　者／石田輝也(いしだてるや)

発 行 人／池田哲雄
発 行 所／株式会社ベースボール・マガジン社
〒103-8482
東京都中央区日本橋浜町 2-61-9 TIE 浜町ビル
電話　03-5643-3930（販売部）
03-5643-3885（出版部）
振替　00180-6-46620
http://www.sportsclick.jp/
印刷・製本／広研印刷株式会社

ISBN 978-4-583-11052-3 C2075